改革教会の伝道と教会形成

袴田康裕
Hakamata, Yasuhiro

教文館

目次

装丁　桂川　潤

改革教会の伝道と教会形成

キリストとの出会い――自伝的伝道論

1　救いの証し

最初に私自身のキリストとの出会いについてお話しします。そして併せて、伝道について考えてみたいと思います。

私は一九六二年に静岡県浜松市に生まれました。浜松はそれなりの都市ですが、私の地元は因習の強い古くからの町です。未信者の家庭です。家には仏壇と神棚があり、毎日ご飯や水が備えられていました。また、他にも「えべっ様」とか「地の神様」などの祭壇がありました。私自身も毎日、神棚と仏壇に拝礼していました。また小学生の頃は、般若心経をしばしば仏壇の前で唱えていました。

私が育った町には、キリスト教会はありませんでした。ですから、キリスト教に触れる機会は、中学を卒業するまでほとんど全くなかったと言えます。

ただ、確か中学の時に、学校でギデオン協会の聖書が配られました。それが聖書との初めての出会いだったのですが、少し開いて、よく分からないと思い、そのまま二度と開くことはありませんでした。

高校生になりました。高校になれば、かなり広い地域から学生が集まってきます。そして高校三年生のとき、同じクラスに牧師の息子がいたのです。彼はやはり少し変わっていました。そしてしばしば、彼と話をするようになりました。こういうことがありました。富士山で落石事故があり、死者が出ました。それを取り上げて、私は彼に「キリスト教ではこういう不慮の事故のことをどう考えるのか」と質問したのです。すると彼は、「ちょうどこの日曜日の説教でこの事件のことが取り上げられていた。そのテープを持ってくるから聴いてくれ」と言うのです。そして彼が持ってきた説教のテープを聴きました。初めて聴いたキリスト教のメッセージでした。さっぱり分かりませんでした。日本語であるのに、遠い世界の言葉のように感じたのです。

大学受験が終わり、私は彼と同じ大学に入ることになりました。そこで彼が、大学入学前の三月にもたれた教派（福音自由教会）の中高生キャンプに誘ってくれました。時間があったので、それに参加したのです。これが真正面から福音を聴いた最初の機会でした。そこで分かったことは、キリスト教はイエス・キリストの十字架と復活に土台を置いており、それが歴史的事実でなければ何の意味もない、ということでした。と同時に、聖書に対する関心を与えられました。

そして四月に大学に入学し、一人暮らしを始めました。彼の父親である牧師が入学式に来て、旧知のキリスト者であるその大学の教授に紹介されました。また、その教授が属している教会に案内されました。ぜひ、いらっしゃいと言われたので、義理堅い私は、次の日曜日からその教会に通うようになりました。

それは日本キリスト教団に属している福音主義の教会（現在は単立教会）でした。当初は続けて行くつもりはなかったのですが、結果的に、日曜日は一日も欠かさず礼拝に行くようになりました。

なぜ、教会につながったのか。それにはいくつかの要因があります。一つは、同世代の仲間がいたことです。一週間違いで教会に通い始めた同学年の青年がいました。彼はhi-b.a.のキャンプで信仰の決心をしてから教会に来たのですが、私と彼は、日曜日はいつも、一日教会で過ごすようになりました。よく語り合い、よく遊び、そして少し奉仕をしました。現在は彼が母教会の牧師になっています。

そして五月くらいから、一人で毎日聖書を読むようになりました。その教会のスローガンは「聖書一日一章」。毎日個人で聖書を一章読み祈る。そのような時間をとる。それを非常に熱心に行っている教会でした。ですから私も、毎日聖書を読むようになりました。毎日デボーションを行うようになったのです。

六月くらいから誘いを受けて、水曜祈禱会にも毎週出席するようになりました。だんだん聖書の言葉が、自分のこととして心に響くようになったのです。

過去の罪が示されて、深い悔い改めに導かれたこともありました。そして救いの確信を与えられる経験もしました。そしてその年の一二月のクリスマス礼拝において、いつも一緒にいたその青年と共に、洗礼を受けたのです。以上が、私が救いに導かれた経緯です。

2　教会の伝道

次に、この私の体験をもとにして伝道について考えてみたいと思います。第一は教会の伝道です。私が出席していた教会は、当時、牧師がいませんでした。大学の先生の家族を中心に、信徒だけで教会は運営されていました。説教は、その先生が月に一回する他は、日本キリスト教団や福音派の先生方を招いて行われていました。

　そしてその教会は、あまり伝道活動をしない教会でした。特別伝道集会をするとか、チラシを作成して配るとかは、ほとんどしたことがありません。しかしその教会は当時、着実に成長していました。毎年、受洗者や新しい人が加えられていました。

　私も大学生の頃、午後もずっと教会にいたのですが、奉仕をしていたのではなくいつも遊んでいました。若者たちとわいわいと何かをしていたのです。それを許してくれる雰囲気がありました。とにかく受け入れられ、遊びながらいろいろ議論している青年こそが、将来教会を支えるような人になるという妙な哲学（？）があったように思います。実際にあの頃の仲間は、今も熱心にそれぞれの所で、教会に仕えています。

　あまり伝道活動をしない教会でしたが、本当に魅力的な教会でした。未信者の私がなぜ教会につながるようになったか。その理由は、教会の人たちに魅力を感じたからでした。他にはない、喜びと明るさがそこにはありました。笑顔がありました。最初に教会に行き始めたとき、私はイエス・キリストのことはあまりわかっていなかったのですが、イエス・キリストを信じて生きている人たちに魅力を感じたのです。こういう明るさや笑顔を生み出している信仰とは何なのだろう。それを知りたいと思うようになりました。

　礼拝は、伝統的なスタイルを守っていました。説教を中心とした厳粛な礼拝です。信徒は礼拝で、霊的に養われていました。さらにこの教会の特徴は、信徒一人一人が毎日聖書を読むことを強く奨励していたことです。一日一章、ひたすら聖書を通読していく。その読む箇所が教会で定まっており、そのために毎日その箇所の三分間の電話メッセージが聞けるようになっていました。デボーションのためのノートも教会で配られていました。信徒一人一人が御言葉を読み、それに養われて生きることをひたすら奨励していました。

そしてそれを、分かち合うことの大切さも強調されていました。小さな家庭集会がたくさん持たれ、共に御言葉を読み、電話のメッセージを聞き、御言葉から教えられた恵みを分かち合い、そして祈り合う。そのような交わりがとても大切にされていました。

私が信仰を得、養われたのはそのような教会です。本当に神様がふさわしい教会に導いてくださったと今でも感謝しています。長所だけでなく短所もありました。しかし、やはり魅力的な教会だったと思います。明るさと喜びがあり、同世代だけでなく、世代を超えた豊かな交わりがありました。ここにいたいと思える空間でした。自分の居場所があると思えるところでした。

今、この世の人たちは一体何を求めているのでしょうか。本当の意味での自分の居場所ではないでしょうか。競争が激化し、役に立たなければ居場所が失われる。すぐに自己責任と言われる。受け入れてもらうためには、それだけの仕事ができなければならない。それが社会の現実です。その中で、人々は疲れています。

このような時代の中で、教会は本当に人々を受け入れる場所、魅力的な場所、行ってみたいと思える場所になっているでしょうか。笑い声が聞こえる、笑顔が満ちた教会になっているでしょうか。教会の笑い声が外に響いていること、みんなが嬉しそうに教会に集まって来て、笑顔で教会から帰っていくこと。それが、地域への伝道の第一歩だと思います。

こういう教会のあり方は、改革派教会の伝統とは違うと思われる方もあるかもしれません。私は、まったくそうは思いません。むしろ、改革派教会の伝統と言われているものを、一度検証したほうが良いでしょう。改革派神学とは直接かかわりのない要素を、私たちはいろいろ抱え込んでいるのではないか。変えてはいけない核心と、変えていくことができる、あるいは変えていかなければならない部分を見分けていくことが求められているように思います。

私は一七年間ほど、西部中会の園田教会の牧師をしました。厳粛な礼拝、そして御言葉の説教で信徒が確実に養われることに心血を注ぎました。しかし、礼拝が終わったら、本当に自由に楽しく交わりができる空間を作ることに心を配りました。お茶とお菓子を豊かにしました。とにかく多くの人に声をかけました。励まし、励まされました。笑いました。

園田教会は夕拝が一六時三〇分からですが、奉仕がなくても午後もずっと教会に留まる人がかなりいる教会になりました。御言葉を中心に、しかし喜びと元気が与えられる教会にしたい。笑い声が絶えない教会にしたい。それが私の願っていたことです。

3　信徒の伝道

伝道について次に考えたいのは、信徒の伝道です。率直に言って、信徒が伝道しない限り、教会の伝道が前進することはあり得ません。もちろん、今日の伝道の不振の責任は信徒にあると言おうとしているのではありません。一番大きな責任は伝道者である牧師にあります。言うまでもありません。

その前提の上で、しかし信徒が伝道しない限り、伝道は進展しないのです。なぜなら、牧師は未信者との接点が限られているからです。しかし、信徒はある意味、いつも未信者に囲まれて生きています。伝道のチャンスに囲まれているのです。

私自身を振り返ってみても、大学生時代と、大阪府庁に勤めていた時代は、周りはいつも未信者ですから、伝道のチャンスがありました。何かのきっかけに集会に誘って来てくれることもありました。しかし、牧師になってからは、そのようなチャンスは本当に限られています。留学前に語学学校に通っていた際、親しくなったクラスメートを誘ったら数名が夕拝に来てくれたことがありますが、他はほとんどありません。牧師はむしろ、来られた方をしっかりキャッチする役割でしょう。魅力的な教会を形成する役割が大きいと思います。

かつての母教会は、まさに信徒が誘ってくる教会でした。信徒が誘ってくるということは、知り合いを誘ってくるということです。そこにはすでに、友人関係、信頼関係があります。だから、誘いに応えてくれるのです。

私たち改革派教会は、率直に言って、信徒の伝道力が弱いと思います。伝道は牧師がするものだと思っていないでしょうか。そうではありません。伝道は教会の使命であり、それゆえ信徒一人一人の使命でもあるのです。

ではどのように伝道したら良いのでしょうか。自分はできない、と思っている人が少なくないかもしれません。しかし、伝道というのは口で福音を語ることだけではありません。「耳」を使って相手の話を聞くこと、「目」を使って相手に思いを伝えること、「心」を使って相手の人格を受け入れること、そうしたこともすべて「伝道」なのです。

しかし少なくとも、自分がキリスト者であり、信仰を本当に大切にしており、日曜日には教会の礼拝に行っていることは、周りの人に伝えておくことが大切です。無理に言い広める必要はありませんが、隠していてはだめです。それは主に喜ばれません。

その上で、それぞれの持ち場で誠実に生きることです。全生活的な証しをすることです。社会人であるならば、誠実に良い社会人として生きることです。良い仕事をすることです。普段の生き方が大切なのです。

二〇一五年に天に召されたＫＧＫの初代総主事であった有賀寿先生が、「ハプニングとしての伝道」ということを言っておられました。おもしろい表現です。それゆえ、いわゆる伝道熱心な先生方から批判されたそうですが、事柄は真理をついていると思います。

私たちキリスト者が、それぞれの持ち場で、本当に誠実に生きていれば、人々から信頼されます。信頼されれば、何かという時に相談を持ち掛けられるのです。キリスト者であるということを知ったうえで、相談されることがあるのです。そういう「ハプニング」が起こるのです。その時に、耳や目を使って相手を受け入れ、その言葉に傾聴し、また必要な言葉をかける。それが大切なのです。

わざとらしい伝道ではありません。まさに、誠実な伝道です。いざという時に、相談される、そのような人になることが大切なのです。

宗教に対する偏見に満ちている時代です。ですから、人々は基本的に宗教を警戒しています。しかし、信頼している人の話なら耳を傾けるでしょう。そのような人格的な関わりなしに、もはや伝道が進むことはありません。ですから、信徒がどれだけ、それぞれの現場でキリスト者として誠実に生きているか、そこが伝道の最大の接点だと言えるでしょう。

周りの人たちは、クリスチャンとはどういう人なのか、関心をもって見ています。証しと言うのは、立派であることとは違います。むしろ私は、正直で誠実であることだと思います。未信者に弱さが見えても良いのです。しかしその中で、どのようにイエス・キリストを信じて生きているかが伝われば良いのです。

信徒による、それぞれの場での証しが、教会の伝道の将来を決すると私は思っています。

4　家庭による伝道

第三は家庭による伝道です。私が導かれた教会は、当時牧師がおらず、大学の先生が信徒のリーダーだったということをお話ししました。その先生の家庭は、本当に開かれた家庭でした。頻繁にお客さんがいました。それだけでなく、大学生を中心にいつも若者がたむろしている家庭でした。私もそういう仲間に加えられたのです。

どれほどこの家庭で食事をいただいたか、数えきれないほどです。風邪をひいたとき、そこで療養させてもらったこともありました。まさに、家族の一員のように受け入れられたのです。

夕食の後は、いつも家庭礼拝に加えさせていただきました。先生のお子様たちとも、いろいろ話したり、遊んだりしました。

この家庭の姿は、私が生まれ育った家庭とは本当に異なるものでした。キリスト教信仰に本気で生きている家庭の姿を、私は肌で知りました。多くの人たちが受け入れられて、そこで養われて、成長して旅立っていく。そのようなところでした。そこにたむろしていた多くの学生たちは、今も、いろいろな分野で活躍しています。

この先生の家庭は、もちろん特別だと思います。特別な使命と賜物を与えられていた家庭であって、キリスト者の家庭はみんなこうあるべきだなどとはとても言えません。しかし、個人ではできなくても、家庭ならできることがあるということを私たちは考えたいのです。

個人で人を受け留めることが難しくても、夫婦や家庭でならそれができる場合もあります。また、青年たちにとって、信仰に生きる家庭に触れる機会は本当に貴重なものです。人格的な伝道ということを考えたとき、家庭の果たす役割は大きいと言わなければなりません。

信徒一人一人ではなく、家庭も伝道の主体として考えることが大切です。ここには、既に結婚しておられる方々も多くおられると思いますが、自分たちの家庭が、家庭として宣教のために何ができるか、それを考えていただきたいのです。宣教という視点で、家庭の使命と賜物を考えていただきたいのです。そして無理のない仕方で、できることを始めていただきたいと思います。

愛され、受け入れられる経験をした者たちが、いずれ、人を愛し、人を受け入れる者たちとされていきます。そのためにも、家庭の果たす役割は大きいと思います。

日本キリスト改革派教会の課題と展望

〔この講演は、日本キリスト改革派教会創立三〇周年記念信徒人会（一九七六年）での榊原康夫先生の講演を素材として、六〇周年を超えた現在の改革派教会の課題を検討したものです。〕

1　信条における課題

日本のプロテスタント教会の中で、また、改革派長老派の伝統にある教会の中で、日本キリスト改革派教会を他の教会と区別する大きなしるしが信条についての理解だと言えます。改革派教会は、簡単信条ではなく、ウェストミンスター信仰規準という詳細信条を採用しました。これが信条についての第一の特徴です。

日本の多くのプロテスタント教会は、簡単信条に留まっています。日本キリスト教団や日本キリスト教会がそうですし、福音派の多くの教会もそうでしょう。しかし、私たち改革派教会は、ウェストミンスター信仰規準という詳細信条を、自らの教会の信条として採用しました。これについては、特に創立間もない時代に、外部の教会から厳しい批判にさらされました。東京神学大学の竹森満佐一先生などが、厳しく批判されました（竹森満佐一「改革派教会――プロテスタント教会のあり方　五」『福音と時代』一九四九年五月号）。しかし、創立者たちは、詳細信条を採る教会が日本には必要だという確信を持っていたのです。竹森先生の批判に対して、松尾武先生が真正面から反論する文書を発表しておられます（松尾武「『改革派教会』論を読みて」『改革派世界』一九四九年五・六月号）。

しかし言うまでもないことですが、信条は持っていることに意義があるのではありません。それを学び、理解し、用いていくことが必要です。

信条に関する改革派教会のもう一つの特徴は、単に詳細信条を持っているだけでなく、「更ニ優レタルモノ」を求める姿勢を明らかにしていることです。つまり、「御言葉によって絶えず改革され続ける教会」として、絶えず新たに告白し続ける「告白教会」であることを明確にしています。それゆえに、三〇周年以降、六〇周年まで、「信仰の宣言」を告白し続けてきたのです。

ウェストミンスター信条という詳細信条を持ちつつ、さらに、すぐれたものを求めて告白し続ける教会。それが私たちの教会です。この営みを続けるためには、極めて自覚的な、神学的熱心が必要です。

神学的熱心は、無理やり持てるものではありません。それはやはり、御言葉の真理、神学的真理の深みに触れ、それによって奮い立たされることによって与えられるものでしょう。私たちは今、そのように真理の深みに触れて、奮い立たされるということがあるでしょうか。知性を伴った霊的祝福で感動するということがあるでしょうか。

はっきり言って、この面で牧師が奮い立つ、長老が奮い立つということがなければ、教会が奮い立つことはありません。教会の命に結びついていた、あの神学的熱心を、もう一度、取り戻したいと願うのです。

近年、ウェストミンスター信条についての新しい翻訳や研究書が日本語でずいぶん多く出版されました。また、神学校でも今、『改革派教義学』のシリーズを出版しています。神学校の教科書という位置づけもありますが、編集者である私の意図は、改革派教会の神学的熱心を奮い立たせたいという点にあります。さらには、他教派にもその熱心を広げたいという思いがあります。ぜひ、教会で、学びに取り組んでいただきたいと思います。

2　伝道における課題

伝道は常に教会における最大の課題ですが、教勢の停滞が顕在化している現在、この課題が極めて切実であることはすべての人が認めるところだと思います。私たち改革派教会は、伝道論についても特色を持っています（『日本基督改革派教会史——途上にある教会』（二九八頁）及び『一九八九年全国学生会講演記録』を参照）。私たちはその特徴、特に長所をよく理解しておくことが大切です。と同時に、弱い所の自覚も求められています。以下では、私たちの教会の伝道の課題について考えていきたいと思います。

⑴ミッション協力の大切さ

第一はミッション協力の大切さです。日本キリスト改革派教会は、ミッション協力に反対した日本キリスト教会と違い、ミッション協力の道を歩みました。そこに、この教会の伝道の大きな特徴があったと言えます。そして、改革派教会全体の中で、全くミッションのお世話にならなかった教会は、二割にも満たないと思います。それほど、改革派教会の伝道に決定的な役割を果たしてきたと言えます。

私たちはまず、宣教師を送ってくださり、物心両面で援助してくださった海外の諸教会に対する感謝を忘れてはなりません。そればかりでなく、その霊的遺産を忘れてはいけないと思います。

今日は、かつてのように経済的援助を海外の諸教会に求める時代ではありません。しかし、ミッション協力には依然として大きな意義があります。改革派長老派という同じ伝統に立っている教会であっても、やはり国によって独自の伝統・霊性があるからです。それに触れることによって、私たちは自分たちのあり方が問われることになります。自分たちの長所も、また足りない面も見えてきます。そのためには、私たちはここでも謙虚になって、異なる伝統から学ぶ姿勢が必要だと思います。

(2) 超教派的伝道協力の必要

第二は、超教派的伝道協力の必要です。榊原先生は一九八〇年の東部中会の修養会で、この点を、力を込めて語っておられます。

「改革派の伝道は教会形成の伝道である、と一口で言いならわしてきた伝道観だけでは不十分になっています。伝道には、改革派教会を建てる伝道もあれば、キリスト者を生み出す伝道もあれば、キリスト教への無知と偏見を取り除いてキリスト教に親しみを感じさせる開墾的な前段階伝道もあります。何もかもごちゃまぜにして批判するのではなく、何でも自分の教会の勢力拡張に利するか否かという自己中心の評価を下すのではなくて、超教派的伝道協力にも意義を認めて、積極的に支援参加することも必要でしょう。『はばたく日本の福音派』（という書物）の中で『日本の福音派戦後三〇年の歩み』を執筆しておられる泉田昭氏は、戦後出発した福音派の急成長の理由を四つ挙げておられます。その第三は『学生・放送・文書等の各種伝道団体の働きをよく協力し、それを牧会の中に巧みに活用していること』、第四は『海外宣教に熱心であること。海外宣教によって視野は拡大され』たとしておられます。心して聞く言葉ではないでしょうか」。

改革派教会は、独自の神学的伝道論を持ち、教会形成を重視します。ですから、体質的に内向きになりがちです。教派協力が得意ではありません。しかしだからこそ、自覚的にそれをしなければならないのです。

自覚的にしなければ、しないで終わります。しかし実はそれによって、失うものも少なくないのです。榊原先生は、そのことをよくご存じであられたから、繰り返して超教派的伝道協力の必要を訴えておられたように思えます。閉鎖的、自己満足的になれば伝道は決して進まないのです。

⑶伝道における信徒の働き

第三は伝道における信徒の働きの重要性です。改革派教会の中にも、最初は、信徒が自らの家庭を開放して集会を開いたのが基となって、教会になってきたところが少なからずあると思います。

私自身も、信徒が家庭を開いた集会から生まれた教会で信仰に導かれました。そのクリスチャンホームには、本当に多くの人たち、とりわけ若者たちが受け入れられていました。大学生の私も、あたかも家族の一員のように受け入れられていました。そして私は、イエス・キリストを信じている家庭というものがどういうものなのか、それを体験的に知ることが許されたのです。その中で、信仰を与えられ、また信仰の成長も与えられていったと思います。

これは確かに誰もができることではありません。しかし、それぞれにできることはあるのではないかと思うのです。伝道は確かに言葉によるものですが、言葉が本当に聴かれるためには、まず、信頼を得ることが必要です。では、その信頼はどのように生まれるかと言えば、その人の生きている姿や生活を通して、それに触れることによって生まれるのです。

宗教に対する不信感が根強いこの時代の中で、福音の言葉が聞かれるためには、キリスト者がまず信頼される人でなければなりません。信頼される人の言葉ならば、人々は無視しないでしょう。耳を傾けるのです。しかしその人が、信頼されないような生き方をしているならば、やはりその言葉には耳を傾けてもらえないでしょう。

それゆえ、伝道のためには、全生活的な証しが必要です。そして、人格的な関わりなくして、福音が伝わることはありません。これまで以上に、今の時代はそうだと思います。その意味で、信徒の方がそれぞれに生きておられる現場で、信頼される人になる必要があります。

では、どうしたら信頼される人になれるのでしょうか。私は、それは単純に、イエス・キリストに本当に従うことによってなれるのだと思います。キリストに従って誠実に生きれば、誠実に仕事をすれば、そして誠実に人と接していれば、見ている人は見ていると思います。何かという時に、個人的な内面的な会話ができるようになる。そして、集会に誘えば、来てくれる可能性もかなりあるのです。

いきなり教会に誘うのが難しければ、家庭集会に誘うということもできます。聖書を読みたいという人がいると言えば、牧師は決して労苦を惜しむことはありません。とにかく、信徒の皆さんが生きている現場で出会う人と、どのような関係を築いているか。そこが伝道の最前線です。牧師が出会う人しか教会が伝道しないとすれば、伝道が進展するはずはありません。信徒一人一人が宣教の使命を帯びていること、その自覚が必要なのだと思います。そして信徒が、そのために牧師を利用することです。「家庭で一緒に聖書を読みたいという人がいるから来てください」とお願いすればよい。牧師は喜んでその奉仕をするでしょう。

信徒一人一人は多様ですから、信徒の伝道のスタイル、関わり方も多様で構いません。しかし、自分に宣教の使命があるということを忘れてはいけません。できるスタイルでするのです。一人で難しければ、協力してすれば良い。とにかく、信徒が伝道しない限り、教会の伝道が進展することはありません。

(4) 伝道者の問題

第四は、伝道者の問題です。伝道における信徒の働きの重要性を述べましたが、しかし、やはり伝道にとって牧師・伝道者の問題は決定的な意味を持ちます。私が一七年近く奉仕をした園田教会には、既に召されましたが山本栄一長老という方がおられました。彼は私にこう言っていました。「教会の問題は結局牧師の問題だ」と。私はその通りだと思って、奉仕をしていました。

どんなに教会に難しい問題があったとしても、牧師がしっかりしていれば、教会は乗り越えていけるのです。また同時に、牧師の限界がやはり、教会の限界になってしまう。彼は突き放すようにこの言葉を言っていたのではありません。誰よりも教会に仕え、牧師を支えてくれた長老です。それだけに重い言葉でもありましたが、私は本当にその通りだと思っていました。それほどに、教会にとって牧師は決定的なのです。教会の責任はすべて牧師にある、というくらいの責任の自覚が牧師には常に求められると思います。

私がスコットランドで特にお世話になったドナルド・マクラウド先生は、その著書の中で牧師の原則として冒頭に「牧師はまず普通の人でなければなりません」と書いています。牧師はまず常識的な人でなければなりません。常識的な良き社会人でなければならない、良き家庭人でなければならない、ということです。

常識的な人として人と接し、人と交われる人でなければなりません。牧師が非常識の変わり者で、それで「牧師しかできない」というのでは話になりません。

榊原先生の一九八〇年の講演にはこういう言葉がありました。「伝道が祝福されるには、伝道する人自身がまず健康なキリスト者でなければなりません」。これも、同じことを言っているように思います。健康なキリスト者とは、信仰生活にとって当たり前のことを当たり前に生きる人のことです。そういうキリスト者でなければ、伝道はできないのです。

それゆえ伝道者の養成というのは、単に聖書と神学を教えればよいのではない、ということがお分かりいただけると思います。聖書と神学を教え、学ぶことはもちろん重要です。しかし、それが伝道者教育のすべてではありません。「人」を育てなければならないのです。牧師・伝道者にふさわしい人を育てなければならないのです。
そのためには、神学校に人を送ってくださる教会の小会や中会が、本当によく人を吟味して、責任をもって祈りを持って送ってくださることが重要です。普通の人か、健康なキリスト者か、その点をよく見てほしいと思います。そういう人でなければ、良い牧師になることは難しいのです。

私が奉仕していますす神学校は、伝道者を養成しているところです。そして、どのような伝道者が養成されるかが、改革派教会の伝道に決定的な影響力を持ちます。その意味で言えば、神学校は「伝道の最前線にある」と言えるのです。ぜひ、その思いで祈り、応援していただきたいと思います。

以前も書き記したことがありますが、私自身は、神学校教育には三つの柱が必要だと思っています。一つはすぐれた授業です。これはやはり基本でしょう。二番目は自習のための充実した図書館です。牧師は自分で勉強できる人にならなければなりません。その習慣を身に着ける必要があります。そして三番目が、共同生活による訓練です。共同生活の中で人格的に成熟することが不可欠なのです。榊原先生の講演の中に、こういう重い言葉がありました。

「伝道の課題や宿題をあれこれ話してきましたが、私の本心は、改革派の伝道を変えるためには牧師が変えられ、もっと質がよくならなければ、他のどんな手もむなしい、ということです。しかし、教職養成と生涯教育のことを論じだすと、もう一講演を要しますので、ここではぶきます。ただ一言だけ申しますと、私のいう牧師伝道者の質とは、教養や学識のことではなく信仰のことです。どうか、改革派の全教師が、説教するところを偽ることのない真実な信仰の人として成長できるように、祈って支え助けてください」。

まさにその通りだと思います。そして「信仰」の問題は、もはや神学校の問題を超えて、教派全体の問題でしょう。改革派教会の信仰、また霊性が問われているのだと思います。

(5)礼拝・説教の課題

伝道の第五の課題は、礼拝・説教の問題です。創立四〇周年記念信徒大会での吉岡繁先生の講演にこういう言葉があります。「改革派教会の伝道は礼拝中心です。霊的に充実した礼拝こそ伝道の最も効果的な場です」。そして五〇周年の「伝道の宣言」の中にも同趣旨のことが述べられています。

確かに公的礼拝が伝道の最大の手段です。そしてその礼拝の中心が、説教であると言えるでしょう。吉岡先生は「説教は教えられるものではない」と実感を込めて語っておられます。また説教は結局、説教者の信仰に規定される、とも述べておられます。それもその通りだと思います。しかし、これらを前提としたうえで、やはりその重要性の故に、説教についての学びや研鑽が非常に重要だと思います。

礼拝を豊かにするために、礼拝をもっと儀式的にすべきだという主張があります。今までの礼拝は、あたかも聖書講義を聞いているようなものではないかという批判です。しかし私は、このミッション・フィールドの日本においては、説教の中心性にできるだけ集中した方が良いのではないかと思います。やはり、人は、聖書の言葉によって神を知り、自己を知り、キリストに導かれるからです。

そしてその意味で、何より重要なのは説教の言葉です。あるキリスト者の詩人の方がこう言われたそうです。「礼拝での言葉が問題。言葉が磨滅している。自分は詩人として、信徒の一人としてそのことに痛みを覚える」（加藤常昭『これからの日本の教会の伝道』日本キリスト教団出版局、二〇〇三年、四八頁）。

「礼拝での言葉」という意味では、説教だけでなく、司式の言葉も関係して来るでしょう。言葉が磨滅しているということは、言葉にいのちがないということです。言葉は語られているけれども、それが相手に届いていない。相手の心に届くような言葉になっていない、ということです。ということは、語っている者が、その伝えるべき事柄のリアリティを実はつかんでいないということかもしれません。ですから、どんなに言葉を費やしても空しく響いてしまう。あるいは、事柄のリアリティを摑んでいても、それを伝える「言葉」を捉えることができない。この場合も伝わりません。

キリスト教は、特にプロテスタントは言葉で勝負している宗教です。それゆえ、とりわけ牧師は、言葉のプロとして、言葉の修練を積まなければなりません。言葉が届いた時に何が起こるかをパウロはコリントの信徒への手紙一、一四章でこう述べています。

「反対に、皆が預言しているところへ、信者でない人か、教会に来て間もない人が入って来たら、彼は皆から非を悟らされ、皆から罪を指摘され、心の内に隠していたことが明るみに出され、結局、ひれ伏して神を礼拝し、『まことに、神はあなたがたの内におられます』と皆の前で言い表すことになるでしょう」（二四―二五節）。

言葉が届くとき、人々は「まことに、神があなたがたの内におられる」との告白に導かれる。言葉よりも情緒に訴えることが力を持ち、言葉の力が後退している時代の中で、教会はどうなのか。教会は本当の意味で、力ある真実な言葉が語られているのか。今日は、まさにそのための、自覚的な修練が求められているように思うのです。

⑹伝道の方法に取り組む必要

伝道についての最後の課題として、伝道の方法のことを取り上げます。吉岡先生が語られたように、改革派教会の伝道論は原理的であって、伝道の内容である福音自体の理解には関心を払いますが、福音を伝える対象の理解や福音伝達のための具体的手段や技術の学びは不十分だと言わなければなりません。

どうしても改革派教会は、そういったハウ・トゥー的なものを軽視する傾向があります。軽視しても、それで伝道の効果が上がっているなら構わないでしょう。しかし、一〇年一日のごとく同じやり方をして、それでいて伝道が進まないと嘆いているのではいけないのではないかと思います。

かつては、伝道の方法・手段などと言うと、それは福音派のことだと言われました。しかし、今日はそうではありません。東京神学大学の前学長であった近藤勝彦先生の文章などを読みますと、福音派以上に伝道を、そしてその方法論を強調しておられるように思えます（近藤勝彦『日本伝道の展望』東神大パンフレット39、二〇一三年、二七―二八頁）。

近藤先生の主張は、教会活動のすべてを伝道の視点で検証し、そして有効に実行していくべきだということです。私はこの主張に耳を傾けるべきだと思います。そして、教派を超えて、伝道方法についても学べることがあれば学び取る姿勢を持つべきだと思います。

改革派はしっかりした教理を持っているだけに、かえって安心して、大胆に外から学ぶことができるのです。ここでも、外から学ぶ謙虚さが求められているように思います。

3 長老制組織の課題

三〇周年記念信徒大会での榊原先生の講演の中で、先生が「長老制組織の課題」として語っておられる部分は、日本キリスト改革派教会の長老主義の現状への憂いが色濃く出ている部分です。長老制教会として、改革派教会が躍進していくためには、二つのことが必要だと訴えておられます。一つは、「すぐれた教会指導者層を皆で育て上げること」、もう一つは「皆が『道義的な秩序の精神』を徹底的に身につけて行くことが、今、必要である」と言われています。

これはとても面白い指摘です。私たちは、長老主義政治とは、教会が人間の支配に陥らない優れた制度だと考えてきました。監督制であれば、監督という一人の支配になってしまう。また会衆制であれば、多数決という多くの人の意見で教会が支配されてしまう。それに比較して、長老制こそが、教会が人間の支配に陥らない制度だと考えてきました。

しかし、榊原先生は、とにかく人間が大切だと言われているのです。すぐれた教会指導者層がいなければ長老制が機能しない、また、牧師・長老が「道義的な秩序の精神を徹底的に身につけて」いなければ長老制は機能しないと言われている。これは本当に大切な指摘だと言わなければなりません。長老制も本当に機能するためには、人間が鍵を握るのです。

そして榊原先生が、決定的な問題として取り上げておられるのが長老会議の問題です。こう言われています。

「私たちの教会で最も重要な、また最も正式公的な立場である長老会議（小、中、大会）が生きていない、という感じを受けます。会議が生きていないのは、単に大きくなり過ぎたからではありません。むしろ、忠実な出席と報告、対等でしかも礼節のある生きた討論がなされなくなったからです。根本的には、長老制のかなめともいうべき長老会議への真面目さが薄れてきているのではないでしょうか」。

「長老会議への真面目さが薄れてきている」という強烈な批判です。そして、この長老会議の問題は、四〇年前の問題ではなく、今日の問題でもあると思います。長老会議が、本当に長老会議として機能するためには、何が必要なのでしょうか。会議が、政治規準や会議規則に定められている手続きにしたがってなされれば、そこに長老主義が実現していると言えるでしょうか。それだけでは、そうとは言えないと思います。

たとえば、会議の中に圧倒的に強い人がいて、他の人が誰もその人に逆らえない。そういう状況の中で、会議で決議がなされたならば、それは、規則上は合法で、長老主義の原理に則っているように見えますが、実際は長老主義が機能していないと言わなければなりません。長老主義というのは、会議で決めれば長老主義になるということではありません。どういう会議で決議がなされたか、それが決定的に重要なのです。

それゆえ会議の議員は「教会会議の精神」というものを知らなければなりません。教会会議とは何かということです。それはこの世の他の会議とは異なります。カルヴァンは、教会会議の権威を示す聖句として、マタイによる福音書一八章二〇節を挙げています（『キリスト教綱要』四・九・二）。「二人または三人がわたしの名によって集まるところ、その中にわたしがいる」です。そしてこの聖句は、礼拝におけるキリストの臨在を約束する御言葉であり、カルヴァンも礼拝の部分でもこの御言葉を取り上げています（四・一・九）。つまり、教会会議は礼拝と同様に、キリストの現臨のもとで営まれなければならないということです。礼拝の精神が、教会会議にも適用されるのです。

礼拝においては、神だけが崇められ、神だけが畏れられます。礼拝において人間が崇められたり、人間が畏れられたりしてはなりません。同様に、教会会議もそうでなければなりません。議員は、神だけを畏れて、神の前に発言するのです。「あの人には逆らえない」というような姿勢のある人は、教会会議にふさわしくありません。人の顔色を窺って、発言をしたり、態度を決めたりしてはなりません。神様だけを畏れて、神様の前に自らの態度を示していく姿勢が、議員には求められるのです。

教会会議はこういう性質のものですから、当然、会議における言葉は整えられなければなりません。改革派教会の大会に出席しますと、思い付きで発言する人や、感情的になって乱暴な言葉を発する人がしばしばいます。礼拝の中で、もし思い付きの言葉や乱暴な言葉が使われれば、私たちは、それは本当にふさわしくないと感じます。教会会議も同じなのです。

礼拝においては言葉が整えられます。語られる言葉のために、祈りをもって準備がなされます。同じように、会議の言葉も整えられる必要があるのです。発言する場合には、よく祈って、言葉を整えて発言するのがふさわしいのです。

長老主義が健全に機能するためには、教会会議が健全でなければなりません。そして教会会議が健全であるためには、会議を担う人たちがそれにふさわしく整えられることが必要です。牧師と長老が、会議にふさわしい人として成熟していく。そこにある意味で、教会の成熟がかかっていると言えるでしょう。牧師と長老が教会会議を担う人として成熟していくことが、各個教会における教会の霊的力に影響すると私は思います。

榊原先生がこの講演で指摘しておられるもう一つの点もとてもユニークです。それは一言で言えば、他の教会政治形態から学ぶべきだということです。私たちの教会の創立宣言には、長老制を採用する理由として次のように述べています。「監督制・会衆制等は法皇制と共に、人間的見地よりすれば各々長所を具ふると雖も、教理の純正と教会の聖潔とを守るには長老制に如かず」。

「教理の純正と教会の聖潔とを守るには」長老制が最善だと言っています。しかし、同時にここで「監督制・会衆制等は法皇制と共に、人間的見地よりすれば各々長所を具ふる」と言っているわけです。確かに「守る」には長老制は最善でしょう。しかし、あらゆる面で長老制が最善だと言っている訳ではない。監督制や会衆制や法王制にも長所があると言っている。その長所を、私たちは学んで身につける必要はないのか、と榊原先生は問いかけておられるのです。

改革派教会の長老主義が硬直化しているという懸念が、そこで表明されていると言えるでしょう。こう言われています。「長老制があたかもあらゆる面で最上であり、これ以外にやりようがないかのように思う錯覚から、ありとあらゆることを大中会決議と委員会活動に期待する傾向があるのではないでしょうか。逆に、そうでない有志の自発的奉仕には気前よく協力し正しく感謝しようとしない体質が、生まれていないでしょうか」。

これも痛烈な現状批判だと思います。日本で改革派教会ほど、法を重視し、組織だった教会はないと私は思います。それはこの教会の特徴であり、すばらしい点です。しかし、そのような教会であるがゆえに陥りがちな危険性がないわけではない。

確かに、教会におけるキリストの支配が貫かれるために、キリストから与えられているつとめを法的に確認し、秩序づけることが大切です。そのためには、教会にはふさわしい制度やまた教会法が必要です。しかし、制度や法が整ったなら教会は大丈夫かと言えばそうではないのです。

教会の歴史を振り返ってみれば、制度や法を整えた教会がかえって霊的命を失うということがしばしば起こりました。そして既存の教会の外で起こった信仰復興運動が、既存の教会に影響を与えて、教会を再び活性化させるということもありました。

ですから私たちは、長老教会として制度が整っているから大丈夫だと考えてはなりません。それが硬直して行けば、かえって教会の霊的命を抑圧することにもなるのです。この秩序は、その命を守り、育むためのものです。安心して、自発的な奉仕ができる空間を作るためと言っても良いかもしれません。

榊原先生が指摘しておられたような、制度のために制度を守るような、長老主義のための長老主義のような、そういう人間不在の長老主義になってはならないのです。

結局、ここでも重要なのは人間です。長老主義を正しく理解している人でなければ、長老主義を生かすことはできない。そういう弊害が出ていないかという問いかけが、この講演にはあります。そのためには、他の教会政治の長所も学ぶべきだと言われる。ここでも、閉鎖的でなく、開かれた姿勢が必要だと言われます。それは、そのまま今日の私たちへのチャレンジでもあるように思います。

4　教会と国家にかんする信仰の宣言

榊原先生が講演の最後で取り上げておられるのが三〇周年宣言「教会と国家にかんする信仰の宣言」のことです。こう述べておられます。

「この『信仰の宣言』において私たちが根本的に願っていることは、教会主義にたてこもった旧日基の体質を受け継いだものが、『教会は……国事に超然としていることは許されない』という世への積極的関心を取り戻すことです。つまり、『二〇周年宣言』で言い放った『生ける神学』と『現実の生活のただ中で』の『具体的な信仰の戦い』を本当に身につけることであります」。

宣言によって願ったことは、世への積極的関心を取り戻して、具体的な信仰の戦いを身につけることだと言われています。そして、そこで重要なのは「教会の自律性」だと言われます。こうあります。

「『創立宣言』において『地上政権と宗教との関係に就きて我等は……教会の自律性を尊重する』と標榜した私たちが、『どんなに小さくても教会というものは国家権力に対して立っているのだという自覚』をもちたい。そういうものとして、国に貢献もすれば、必要とあらば抗議もするという、神の国でありたい、と思うのであります」。

教会は国家権力に対して立っている、その自覚を忘れてはいけない、と言われます。その上で「教会は、国家を見張る者としての預言者的務めを果たし、主が促される時には、公に主のみこころを宣言する」という宣言の本文を取り上げられて、「何よりも必要なのは『主が促される』衝動を感じ取ること」だと言われます。それほどの、生き生きとした主との交わりに生きていることが大切だということを主張されて、さらに献身の必要を訴えて、この講演は閉じられているのです。

創立三〇周年宣言は、創立宣言の主張の第一点を展開することを主眼とし、新信条作成のスケジュールの中に組み込んで、教会と国家についての宣言を行うものでありました。つまり、靖国問題という旧日本への回帰に対抗するという具体的な戦いがありつつも、それに限定されることなく、聖書が教える「教会と国家の普遍的原理」を明らかにするものであります。ならば、その原理を表している「信仰の宣言」が今の時代状況の中でどんな意味を持つのかを真剣に問わなければならないでしょう。

第一に、三〇周年宣言は、キリスト者個人ではなく、教会が、社会と政治の問題にどうかかわるかの思想行動の原理を明らかにしたものであるということです（一九八〇年、東部中会修養会、榊原講演、二二頁）。しかし、問題がないわけではありません。教会は、世俗の政治的領域の事柄に政治的な仕方でかかわらず、あくまで教会の使命を忠実に果たすことによって、教会的な仕方で国家に対する義務を果たすべきなのですが、その具体的な義務の果たし方について必ずしも成熟していないということです。

言葉の問題が大切だと思います。教会は信仰によって一致しているところですから、たとえ政治的なことを扱わなければならない時でも、信仰告白に立って、信仰の言葉で語られる必要があると思います。

第二に、「国事に超然としていることは許されない」の積極的な言い換えとして宣言には、「教会は、国家を見守る者としての預言者的な務め」があるということが謳われてます。この預言者的つとめとは何かという点です。榊原先生は、それは国家を見守り、とりなす教会の務めを表すとしています。つまり国家は、キリストから委託を受けた家令であることに無自覚であり、それゆえ高ぶり、自己絶対化の危険がある。その国家の高ぶりを諌めるのは教会の責任だということです。

第三に、「教会と国家」の問題を考える上で中心的に重要なのは「教会の霊的自律」であるということです。それは改革派創立者たちの戦いであり、また、改革派・長老派教会の闘いの歴史において、常にその中心にあったものです。

聖書は、教会の頭、教会の主はイエス・キリストだと教えています（コロサイ一・一八、エフェソ一・二二）。問題は、イエス・キリストが教会の頭であるとはどういう意味なのかという点です。

歴史を学ぶ時に、この点で特に私たちが心に覚えなければならないのが、国家的為政者との関係です。つまり、イエス・キリストが教会の頭であるとは、国家的為政者は決して教会の頭ではなく、教会の上に主権を主張することはできないということを意味するのです。

教会には、イエス・キリストから直接与えられている霊的な権能がある。国家から独立した権能がある。これが聖書の大切な教えです。イエス様はマタイによる福音書一八章一八節で、弟子たちにこう言われました。「はっきり言っておく。あなたがたが地上でつなぐことは、天上でもつながれ、あなたがたが地上で解くことは、天上でも解かれる」。

弟子団こそ教会の原点ですが、その彼らに主は「天の国の鍵」を預けると言われました。彼らが、人々を天国に入れることができる霊的権能を持つ。国家権力は何ら介入することはできません。それは教会に与えられた権能なのです。人々を天国に導く霊的権能なのですから、そこには当然、何を信じるかという信仰の内容や、何を教えるかという教育の内容も含まれます。そのような霊的権能が、イエス・キリストから教会に与えられているのです。

現代の日本においては、この信仰上の独立は、基本的には守られています。国家権力がそれを犯すことはありません。なぜなら、日本国憲法があるからです。日本国憲法の信教の自由と、政教分離原則があるからです。それが、権力を縛っていてくれるが故に、権力はそこまで手を出すことはできないのです。

しかし、戦前戦中はそうではありませんでした。私たちは、戦前戦中の教会の歴史をしっかりと学ぶ必要があります。当時の資料を見ればすぐに分かるように、教会は完全に国策に服従していました。それも極めて積極的でした。戦後になって、教会の指導者たちの多くは、戦中のことについてあまり口を開こうとはしませんでした。心ある少数の牧師たちは、悔い改めを表明しましたが、多く牧師たちはそうではなかったのです。彼らの多くは、それは教会を守るためだった、と言いました。そして、教会は戦中も精一杯戦ったのだ、と言われました。しかし、本当にそうなのでしょうか。確かに、教会の存在は守られたでしょう。しかし、本当に守るべきものを守ったのでしょうか。守るためと言われていた教会は、本当にキリストの教会だったと胸をはって言えるのでしょうか。

結局、彼らに欠けていたのは、教会とは何かという明確な意識だと思います。教会はイエス・キリストを頭とすること、そしてそれゆえに霊的自律、信仰上の独立を有していることの強い確信があったなら、ああはならなかったのではないでしょうか。教会を守ると言いながら、何を守るかがはっきりしていなかったのです。何を譲ってはいけないかがはっきりしていなかったのです。スピリチュアル・インデペンデンスの意識が非常に希薄であった。それが、根源にある問題だったと思うのです。

創立三〇周年宣言は、このスピリチュアル・インデペンデンスをはっきりと教えています。また、私たちの教会の信仰告白であるウェストミンスター信仰告白もそうです。私は教会にとっての根源的な戦いはここしかないと思っています。教会がどんな時代になっても、イエス・キリストを頭として立ち続ける、それが最も重要なことなのです。

5　最後に——健やかな教会をめざして

聖書は、教会はキリストの体であると教えています（ローマ一二・四—五、一コリ一二・二七、エフェソ一・二二—二三、四・一二—一六）。一つの体ですから、一つの部分が苦しめば共に苦しみ、一つの部分が尊ばれれば共に喜ぶ。また、一つの体ですから、その賜物の違いを尊重して、慎み深くなければならない。さらに、体として成長、成熟していくことが大切なのです。

体にとって大切なことは、健やかであることです。それゆえ私は教会にとって一番大切なことは「健やかであること」だと思っています。では、教会が健やかであるとはどういうことなのでしょうか。

まず、健やかであるためには、教会の頭、教会の主人が誰であるかがはっきりしていなければなりません。教会の頭はイエス・キリストです。それがはっきりしていなければなりません。そして教会は、自らが何者であるかをはっきりと知っていなければなりません。自分が何者であるかを知らなければ、私たちは健やかには生きられません。それは教会にとっては、信仰規準の課題と言えるでしょう。

第二に、教会が健やかであるためには、教会のつとめ、使命がはっきりしていなければなりません。それは伝道と教会形成です。とりわけ、教会は伝道の使命に生きる時に、本来の生きがいを感じるのです。教会の使命は端的に言えば、イエス・キリストを証しすることです。イエス・キリストが誰であるかを指し示すことです。それを、イエス・キリストへの服従によって証ししていく。そこに教会の使命があると言えます。

第三に、教会が健やかであるためには、教会にはふさわしい秩序がなければなりません。体全体に統一された秩序がなければ、健やかな体とは言えません。それが長老主義の課題です。それは常に、「仕えるつとめ」です。キリストの体の各部分として、愛をもって仕え合うのです。ですから、パウロがローマの信徒への手紙一二章で警告したように、「自分を過大評価」せず、「神が各自に分け与えてくださった信仰の度合いに応じて慎む深く評価」すべきなのです。

「教会と国家の課題」、「信仰規準の課題」、「伝道と教会形成の課題」、そして「長老主義の課題」、それらはいずれも、教会が健やかであるためです。私は、日本キリスト改革派教会が選び取って来た路線は、聖書に適う路線であり、教会が健やかに生きるための路線であると思っています。

しかし、路線が正しいことと、現実の私たちがどうであるかは別のことです。歴史神学を学んでいる者の端くれとしていつも思うのは、人間がつくるものは、必ず硬直化する傾向があるということです。聖書に適った良きものとして作られたものが、その最初の精神が失われて、形だけが残り、そしてそれが人間を縛っていく。人間の益のためであったものが、いつのまにか人間を機械や奴隷のように扱うことが起こって来る。そういう硬直化が起こる。人間の営みにおいては、それは避けられません。罪がなす業だと言ってもいいかもしれない。

ですから私たちは、常に、歪んだものを健全な姿に戻すという意識を持たなければなりません。そのためには、「それは何のためか」という根本精神をたずね続ける必要があるのです。何のために詳細信条を採っているのか、何のための長老主義なのか、何のために牧師や役員がいるのか、その根本精神をいつもたずねる姿勢が必要なのです。

教会にとって一番重要なことは、教会がイエス・キリストの教会として健やかであることです。健やかであれば、命が成長します。そして命が育まれます。それは当たり前のことです。イエス様は「わたしはぶどうの木、あなたがたはその枝である。人がわたしにつながっており、わたしもその人につながっていれば、その人は豊かに実を結ぶ」（ヨハネ一五・五）と言われました。キリストの体なる教会に結びついて生きれば、命の実を結んでいく。それは、イエス・キリストの約束なのです。

そして教会が健やかであるということは、そこには喜びがあるということです。この世の中で、教会にしかない宝がある。私たちはそれに与っているのです。喜びがないはずはありません。

それゆえ、私の講演全体のキーワードは「健やかな教会」です。改革派教会の路線は、教会が最も健やかに生きることができる路線だと私は思います。歪みがあるならばそれを正し、さらにその路線を本当の意味で深める必要がある。

その時に、改革派教会は、これからも健やかな教会として前進していけると私は信じています。

教会政治を考える——長老主義とは何か

1　教会とは何か——教会政治はなぜ必要なのか

最初に考えたいことは、教会とは何かということです。いろいろな角度から論じることができるでしょうが、最も大事な教会理解は、教会はキリストの体であるということです。

コリントの信徒への手紙一、一二章二七節には「あなたがたはキリストの体であり、また、一人一人はその部分です」とあります。またエフェソの信徒への手紙一章二二、二三節にはこうあります。「神はまた、すべてのものをキリストの足もとに従わせ、キリストをすべてのものの上にある頭として教会にお与えになりました。教会はキリストの体であり、すべてにおいてすべてを満たしている方の満ちておられる場です」。さらに、コロサイの信徒への手紙一章一八節にも「御子はその体である教会の頭です」と記されています。

聖書は、教会はイエス・キリストの体であると教えます。そして教会の頭はイエス・キリストであると教えます。イエス・キリストを頭とする体として、教会は健やかでなくてはなりません。体にとって大切なことは健やかなことです。

では、教会が健やかであるためには何が必要なのでしょうか。私たちは、イエス・キリストの体の一部とされていますが、一体何によってそうされたのでしょうか。それは信仰を告白することによってです。イエス・キリストを主、救い主と告白し、洗礼を受けて群れに加えられ、キリストの体なる教会に加えられました。教会は信仰告白共同体です。何を信じているかがはっきりしていなければ、教会は真の教会とは言えません。

では、信仰告白があれば、それで教会はイエス・キリストの体であると言えるのでしょうか。体は生きているものです。命のあるものです。とすれば、その体が生きる中心的な場はどこなのでしょうか。それが教会の礼拝だと言えます。

信仰告白が教会の土台だとすれば、礼拝は教会の中心だと言っても良いでしょう。教会の本当の姿は礼拝に現れます。体ですから、健やかな時も病の時もありますが、教会が健やかであるか病んでいるか、それが礼拝に現れるのです。

それゆえ、キリストの体をつくるというのは、礼拝共同体をつくることだと言い換えても良いでしょう。真の礼拝は御言葉に基づいた礼拝です。神の言葉に基づいて、礼拝が生き生きしたものとして整えられていくこと。それが、キリストの体なる教会が健やかであることと密接に結びついています。教会が本当にキリストの体であるためには、礼拝が命にあふれた礼拝でなければならないのです。

では、教会が信仰告白共同体として形成され、さらに、御言葉に基づいた生き生きした礼拝が守られていれば、それで十分なのでしょうか。もちろん、この信仰告白と礼拝が、教会にとって最も重要だと思います。それが土台であり中心です。しかし、キリストの体なる教会が健やかに生きていくためには、それだけでは十分ではないのです。

体というのは、有機的に結びついています。そこには秩序があります。体がばらばらに動いたら健やかではありません。正しい秩序の中で、統一的に動く時に、体は健やかであると言えるのです。そして、とりわけ教会にとって大事なのは、教会を支配する者はだれかということです。正しい秩序で統一的に動いていたとしても、その全体を支配している者が、正しい人でなければ全体がおかしくなってしまいます。

先ほど見たように、聖書は、教会の頭はキリストだと教えています。ですから、教会はキリストが支配するのでなければなりません。キリストの支配が貫かれなければならない。これは逆に言えば、教会は人間の支配になってはならないということです。教会が人間に支配されるときに、教会は健やかさを失うのです。そして、教会が人間の支配にならないために、そのために、教会にはふさわしい制度が必要なのです。ふさわしい教会法が必要なのです。

教会は霊的な団体であるから、組織とか法とか、そんなものは不要ではないかという考え方があります。御霊によって賜物を与えられた人が立てられていけば、自ずと秩序が生まれるのであって、御霊の働きにこそ信頼すべきだということです。そして、組織や法などを作ると、教会の霊的命を抑圧し、殺すことになる。御霊にこそ信頼して歩むべきではないかという考えです。

私はこの考えには、一理あると思っています。教会の歴史を振り返ってみますと、確かに制度や法を整えた教会が、かえって霊的命を失うということがしばしば起こりました。そして既存の教会の外で起こった信仰復興運動が、既存の教会に影響を与えて、教会を再び活性化させるということがありました。ですからこの考えには一理あるのです。

しかし、それでも私は、法や制度を軽視するこの考えでは、キリストの教会は立たないと思います。

なぜなら、教会に秩序がなければ、結局教会は、人間の支配が幅を利かせてしまうことになるからです。

私は全くの未信者の家庭に育ちましたが、大学に入学した年の四月、一八歳の時から続けて教会に行くようになりました。そしてその年のクリスマスに洗礼を受けてキリスト者になりました。その教会は、当時は日本キリスト教団に所属していましたけれども、教団との関係は強くなく、事実上単立教会のような群れでした。そして実際に大学三年生の時に教団を離脱して単立教会になったのです。

その教会には、信仰告白も教会法も何もありませんでした。福音派の教会と密接な交わりがあり、自分たちも福音派だという意識がありました。しかし、信仰告白や制度を定めたものなどは何もなかったのです。役員会や会員総会もありましたが、その権限を定める規則はなかったのです。

しかしその教会は本当に魅力的な教会でした。私は初めてその教会に行って、イエス・キリストを信じている人たちの魅力的な姿に惹きつけられたのです。それで続けて教会に行くようになったと言っても言い過ぎではありません。キリストを信じている人々が輝いて見えました。みんな熱心に聖書を読み、祈る生活に励んでいました。

私は今でもその教会に導かれたことを心から感謝していますし、今も良い交わりを持っています。しかし、いずれ自分もその教会で役員をするようになり、教会形成というものを考えるようになったとき、これでは難しいと思うようになったのです。

私がその教会に行き始めたころ、その教会には牧師がいませんでした。大学の先生が事実上のリーダーだったと言えます。すばらしい先生でした。いまでも親しいです。そしてその先生は、教会の制度的なものに対してややネガティブな姿勢を基本的に持っていました。教会にとって大切なのは霊的命だから、その命を抑圧するような制度をつくるべきではない。そういう姿勢がありました。そしてとにかく、みんながまっすぐに聖書に聞き従っていれば、自ずと教会にはふさわしい秩序は生まれていくと考えていたように思います。

実際に、教会は基本的にうまくいっていました。しかし、今から思えば、その先生やご家族が優れていたから、教会の秩序は保たれていた面があったと思います。みんなが基本的にその先生家族を尊敬していたのです。ということは、かなり人間に依存していた面があったと思うのです。

もちろん、どんな制度にしたとしても、牧師やリーダーが教会で持つ影響力はある意味で決定的です。しかし、それでも教会が人間の支配にならないための工夫がやはり必要なのだと思います。

教会の頭はキリストです。ですから、教会はキリストによって支配されなければなりません。どんなに優れた人であったとしても、人間は罪人です。牧師であれ、有力者であれ、人間によって教会が決定的に左右されることがないように、教会があくまでキリストの支配される場となるために、そのために教会の制度というものが整えられる必要があるのです。教会が、キリストの体なる教会として健やかであるために、そのために教会の制度がふさわしく整えられる必要があるのです。

パウロはコリントの信徒への手紙一、一四章で「神は無秩序の神ではなく、平和の神だからです」と述べ、また同じ章の中で「すべてを適切に、秩序正しく行いなさい」と述べています。

神は秩序の神です。その神にふさわしく、教会も秩序正しく治められる必要があります。そしてそれが結局、教会という体を本当の意味で生かすことになるのです。

2　聖書と長老主義

キリストの体なる教会が健やかに生きるために、信仰告白と礼拝だけでなく、教会政治というものが大切だということをお話しました。そしてそれは聖書自身が教えていることです。私たちは教会政治の形態として、長老主義、長老制というものを採っている訳ですが、それは何故かと言えば、長老制が最も聖書的だと信じているからです。そこでここでは、聖書が教える長老主義について見ていきたいと思います。

改革派教会は、教会政治について創立宣言で次のように述べています。

「一つ教会政治に関して言へば、長老主義が聖書的教会に固有なる政体なりと信ずるを以つて、我日本基督改革派教会は之を純正に実施せんと願ふものなり。監督制・会衆制等は法皇制と共に、人間的見地よりすれば各々長所を具ふると雖も、教理の純正と教会の聖潔とを守るには長老制に如かず、我等は単に伝承主義的に之を固執するに非ず、健全なる理性の判断に由りても之は最良の政治様式なりと言はざる可からず」。

改革派教会は長老主義が「聖書的教会に固有なる政体」と信じて、長老制を採用しました。そして付加的理由として「監督制、会衆制等は、……教理の純正と教会の聖潔とを守るには長老制」に及ばないことと、「健全なる理性の判断に由りても之は最良の政治様式」であること、を挙げています。

長老主義が聖書的教会に固有なる政体である。つまり、長老主義こそが聖書的な教会政治の形態であるという確信です。そして改革派教会の教会規定前文にはこうあります。

「主イエス・キリストは、教会の王また頭として、教会に、仕え人、教導の言葉、礼典を含む礼拝儀式その他の活動を与えられ、特に、教理、政治、訓練、礼拝の大綱を定められた。これらすべては、聖書が明らかに教えているか、さもなければ聖書から必然的に推論することのできるものである。ただし、神礼拝と教会政治の中には、御言葉に従いつつ、理性とキリスト教的分別とによって規制されなければならない幾つかの事情（註「本質的でない事柄」と訳すのが適当）がある（ウェストミンスター信仰告白第一章六節参照）。しかしながら、これらの大綱が、聖書に明白に述べられている限りにおいて、何物も付加してはならないし、削除してもならない」。

教会の王また頭はイエス・キリストです。そのイエス・キリストが、教会に、教理、政治、訓練、礼拝の大綱を定められた。つまり教会政治の根本原理は、イエス・キリストによって定められているということです。それゆえ、その大綱、根本原理には、付加することも、削除することも許されない、と記されます。

ではその根本原理は、どのようにして知ることができるのでしょうか。ここではそれは、「聖書が明らかに教えているか、さもなければ聖書から必然的に推論することのできるもの」だと教えています。この部分は、ウェストミンスター信仰告白一章六節の引用なのですが、教会政治の根本原理は、聖書から導き出されるということです。

その聖書的教会政治が、長老主義だと創立宣言は主張します。言葉を代えて言えば、長老主義は神の定めた制度である、神定であるという主張です。

この長老主義神定論というものが、しばしば主張されました。これには、二つの種類があります。

一つは、長老主義だけが神が定められた教会政治形態だという主張です。他の政治形態は聖書的ではない。長老主義だけが正しいという主張です。こうした意味で長老主義神定が主張される場合があります。

もう一つは、長老主義は聖書に明確な根拠を持っているという意味で、神定と呼ばれる場合です。この場合は、長老主義政治形態をとらない教会は教会ではないなどという主張はしません。私たちの教会の立場はこの立場です。私たちの教会の政治規準第七条にも、長老政治は「見える教会の存在にとって本質的なものではないが、その秩序の完成のために必要である」と述べています。

長老制は「見える教会の存在にとって本質的なもの」ではありません。ですから、長老制でない教会は聖書的でないとか間違っているなどと言うことはできません。しかし、長老制が一番、聖書的根拠がある、長老主義の諸原理は聖書に見出されると私たちは信じているのです。

スコットランド自由教会の神学者であったマクファーソンはその著書のなかでこう述べています。「われわれが監督主義政治や会衆主義政治に反対して長老主義政治の神定論を主張する意味は、次のことである。すなわち、長老主義政治形態の特有の諸原理に対しては、聖書の中に十分にして満足のいく根拠があるというだけのことである」（ジョン・マクハーソン『長老主義』上河原立雄／萩原登訳、聖恵授産所出版部、一九九二年、一九頁）。

この考えは、カルヴァンもウェストミンスター神学者会議の大多数の神学者も採用していたものです。カルヴァンは、司教制そのものを原理的に否定していたとは言えません。古代教会における司教制の成立を必ずしも批判してはいないのです。一番大切な問題は、キリストの体なる教会が、聖霊が働かれる場としてふさわしい秩序に保たれることでした。そのための聖書的秩序として、長老制を考えていると言えます。

ですから皆さんも、長老制の教会だけが正しいなどと考えてはなりません。私が今回の講演を通して皆様にお伝えしたいと考えている一つの要点は、何のための長老制かをいつも問い続ける姿勢を持ってほしいということです。長老制の規則を守ることが、政治規準を守ることがいたずらに目的化するのではいけないのです。長老主義のための長老主義では意味がありません。

何のための長老主義か。それは、キリストの体なる教会が健やかであるためです。教会が、聖霊が働かれるふさわしい秩序を保つためです。そこにある霊的な命が、健やかに育ち、成長するためです。そのために最もふさわしい聖書的制度として長老主義というものがあるのです。

目的と手段が逆転してはならないのです。制度のために教会があるのではありません。教会の命のために制度があるのです。長老制原理主義になってはなりません。何のための長老主義か、それをいつも問い続けていることが大切なのです。

では、その長老主義の聖書的根拠となる、基本的な御言葉を挙げておきたいと思います。

⑴長老たちによる統治

長老主義の教会政治の基本は、教会は長老たちによって統治されるというものです。これは基本的に、旧約のイスラエルにおいて行われていたものを引き継いだと考えられます。

パウロとバルナバによる、第一次伝道旅行の記事に次のようなものがあります。「二人はこの町で福音を告げ知らせ、多くの人を弟子にしてから、リストラ、イコニオン、アンティオキアへと引き返しながら、弟子たちを力づけ、『わたしたちが神の国に入るには、多くの苦しみを経なくてはならない』と言って、信仰に踏みとどまるように励ました。また、弟子たちのため教会ごとに長老たちを任命し、断食して祈り、彼らをその信ずる主に任せた」（使徒一四・二一—二三）。

彼らの伝道によってデルベ、リストラ、イコニオン、アンティオキアに群れができました。その際彼らは、励ましを与えると同時に、教会ごとに長老たちを任命して、群れの統治をゆだねたのです。またパウロの第三次伝道旅行の終盤、エルサレムに向かう決心をしたパウロは、ミレトスからエフェソに人をやって、エフェソ教会の長老たちを呼び寄せました。エフェソ教会も長老たちによって統治されていたことが分かります（使徒二〇・一七）。

そしてパウロは彼らに語ったわけですが、こう言っています。「わたしは、神の御計画をすべて、ひるむことなくあなたがたに伝えたからです。どうか、あなたがた自身と群れ全体とに気を配ってください。聖霊は、神が御子の血によって御自分のものとなさった神の教会の世話をさせるために、あなたがたをこの群れの監督者に任命なさったのです」（二七—二八節）。

長老たちに対して、その使命を再確認しています。群れ全体に気を配ること、そして神の教会の世話をすることです。彼らを任命したのは聖霊だと言われています。聖霊が群れにふさわしい統治者として長老を任命されたというのです。

もう一か所はテトスへの手紙一章五節です。パウロは同労者テトスにこう記しました。「あなたをクレタに残してきたのは、わたしが指示しておいたように、残っている仕事を整理し、町ごとに長老たちを立ててもらうためです」（一・五）。

そして六節以下で長老の資格が続きます。このようにパウロは、教会を統治するために、通常は長老たちを立てていったのです。長老たちによって治められることが、新約時代の教会の通常の形であることが分かります。

その関連で留意しておきたいことは、新約聖書の中に出てくる監督（エピスコポス）と長老（プレスビュテロス）の関係についてです。監督制の教会は、新約の教会は、長老の上に立つ監督によって治められていたと主張しています。しかし、聖書の中の監督は長老と同義語であると解するのが適当だと思います。

先ほどの使徒言行録二〇章でも、一七節で長老たちと呼ばれていた人たちが、二八節では「監督」と呼ばれています。同じことが、テトスへの手紙一章五節と七節にも見られます。長老はしばしば監督とも呼ばれたようです（参考　吉岡繁『教会の政治』五〇―五四頁）。

(2)二種類の長老

そのようにして教会の統治のための立てられた長老たちですが、聖書によれば二種類の長老たちがいたことが分かります。テモテへの手紙一、五章一七節にはこうあります。「よく指導している長老たち、特に御言葉と教えのために労苦している長老たちは二倍の報酬を受けるにふさわしい、と考えるべきです」。

「指導している」は「治める」（三・五）の意味です。ですのでここには「治める長老」とは区別される「御言葉と教えのための長老」がいることが分かります。この段階ではっきりと職制の区別があったとは言えないかもしれませんが、徐々に区別が生まれていったことは確かでしょう。またペトロも、第一の手紙五章一節で自分のことを長老の一人と呼んでいます。

(3) 執事職の存在

長老教会にとって執事職は極めて重要な職務です。執事職の起源としてしばしば取り上げられるのは、使徒言行録六章にある食卓の世話をする人を選び出した記事です。

そこで選び出された人たちのその後の働きを考えますと（ステファノやフィリポのその後の活動）、彼らが執事であったと考えるのは無理がありますが、執事的つとめが教会のつとめとして自覚され、そのための働き人が立てられたと考えることができます。その後、徐々に執事職として発展したと言えるのだと思います。

牧会書簡のテモテへの手紙一、三章八節から一三節には、執事職に就く者の資格についての記述があります。

(4) 教会会議の段階的構成

教会会議の段階的構成についての最も重要な聖書箇所は、使徒言行録一五章にあるエルサレム会議の記事です。パウロとバルナバがアンティオキアにいた時に、大きな論争が起きました。それは、異邦人が救われるためには、割礼とユダヤ教の儀式を守ることが必要かどうかという問題でした。

この問題を解決するために、アンティオキア教会は、パウロとバルナバだけでなく、その他数名の者をエルサレムに送りました。そしてエルサレム会議が開かれたのです。この会議の構成員は使徒と長老でした（一五・六）。そしてこの会議の決定は、けっして単なる勧告的なものではなく、権威的なものでした。つまり、アンティオキア以外の教会にも適用されたのです。ここに段階的教会会議の聖書的起源を見出すことができるのです。

また、ウェストミンスター神学者会議は、この段階的教会会議の聖書的根拠を徹底的に議論しました。その結果、多くの各個教会が一つのプレスビテリー（中会）統治のもとにおかれている事例として、エルサレム教会とエフェソ教会を挙げています。

以上が、長老主義教会政治の代表的な聖書的根拠だと言えます。

3　長老主義の歴史的起源

次に長老主義の歴史的起源について見ていきたいと思います。長老主義というものが主張されるようになったのはいつか。それは宗教改革の時代です。しかしそれは宗教改革者たちが新しい制度として長老主義というものを創作したということではありません。彼らは基本的に教会を本来の姿に戻したいと願っていました。堕落以前の教会の姿に戻したいと考えていたのです。

先ほど、長老主義の聖書的根拠を見てきましたが、そこで明らかであったのは、初代教会は神からのつとめとして、多様なつとめを担っていたということです。最初は使徒職しかありませんでした。ですから、使徒が神の言葉を教えるだけでなく、日々の分配の仕事（献金の管理や貧しい人たちの世話）もしていました。しかし、使徒言行録六章でみたように、あまりに忙しく、御言葉の奉仕が疎かになりそうだったので、この分配の奉仕のための働き手を別に立てたのです。執事的な働き人を立てました。新しいつとめを担う者を立てたのです。

さらに、教会は長老たちによって治められるようになりました。これは旧約の時代からの在り方を引き継いだものです。しかし、テモテへの手紙一、五章一七節でみたように、「治める長老」と「御言葉を教える長老」の区別が生まれました。これが次第に、職制の区別になっていったのです。

このように、初代教会は、「教えるつとめ」「治めるつとめ」「仕えるつとめ」という多様なつとめを重視していました。この段階では、職制として固定していたとは言えないのですが、それらの多様なつとめを担う多様な職務があったと言えるのです。

しかし、古代カトリック教会が形成されていくなかで、この「つとめの多様性」が失われていったのです。監督（エピスコポス）というのは、本来は長老のことで、長老団の代表に与えられていた名称だと思われますが、それが次第に権威を持ち、長老の上に立つ役職となりました。カトリック教会はこれを司教と訳します。また長老（プレスビュテロス）は司祭と訳されて、司教の下に位置づけられます。さらに執事（ディアコノス）は、助祭と訳されて司祭の下で彼を輔佐する役割だとされました。

このことからわかりますように、かつては多様であったつとめが一つにまとめられました。そして、横並びであった多様な職制が、上下関係に位置づけられることになったのです。つとめの多様性、職務の固有性というものが失われることになったのです。

改革派の宗教改革は、この上下に一本化されていたものを、再び横倒しにした改革だと言ってよいでしょう。一本のつとめとなっていたものを、横に倒すことによって、そのつとめの多様性を回復しようとしました。多様なつとめを担う職務を立てようとしました。教える長老、治める長老、執事という多様な職務を回復した。そこから長老主義が生まれたと言ってよいでしょう。

では、長老主義は誰によって創案されたのでしょうか。カルヴァンでしょうか。カルヴァンが長老主義の父、源だと言えるのでしょうか。そうとは言えません。長老主義は、ある特定の人によって、理論的に考えられたものではありません。

そうではなく、長老主義は一六世紀の宗教改革から一七世紀にかけての一〇〇年以上の間に、ヨーロッパの各地において、主として改革派の神学者たちが、「その戦いの中で御言葉に聞きつつ神学的に考え、実践的に作り上げた教会政治理論」（松谷好明「長老主義教会政治論の歴史的展開」未刊講演原稿）であると言えます。

ですから、歴史と切り離して特定の神学者の主張によって長老主義を論じることは正しい論じ方とは言えません。つまり、長老主義、教会政治の問題は、神学的な問題であると同時に、常に現実の政治的・社会的問題を含み込んでいたのであり、そのような脈絡を視野に入れて論じる必要があるのです。

たとえばカルヴァンですが、彼が最初にジュネーヴで働いた時代には、複数職制の理念を持っていなかったのではないかと思われます。少なくとも文献上はそのような主張は見られません。後に彼は、ジュネーヴで市当局や市民と対立して追放され、ストラスブールに向かいます。そこではマルティン・ブツァーを指導者とする改革が行われていました。ブツァーは複数職制の理念を明確に打ち出していました。カルヴァンはおそらくこのブツァーに学んだのだと思われます。

その後カルヴァンは再びジュネーヴの改革に戻ることになりますが、そこで作成した「教会規則」（一五四一年）には、明確に複数職制の理念が示されています。牧師、博士、長老、執事の四職です。しかしこの規則には、段階的教会会議の規定はありません。しかし、一五五九年にカルヴァンが草案を書いた「フランス改革派教会の教会規則」には、明確に小会、中会、大会の段階的教会会議が規定されているのです。

このように、カルヴァン一人をとってもその主張には、変化・進展があります。また教会規則は、その時点での具体的教会の状況が反映されていますから、その主張そのものが、カルヴァンが理論的に確信していたことがそこに書き記されているとは言えません。たとえば、一五四一年教会規則は、確かに四つの職制を主張しているのですが、長老の選出は市当局が行うことになっていました。これはカルヴァンが望んでいたことではなかったはずです。しかし、この段階ではここで妥協するしかありませんでした。彼はその代りに牧師団にできるだけ権能を持たせようとしている傾向が読み取れます。

このように教会政治に関する諸文書は、政治的・社会的文脈に照らして読む必要があります。その時点での主張が含みこまれている。あらゆる教会に通用する普遍的規則として作成されたわけではないのです。

それゆえ、こうも言えるでしょう。教会政治というものは、あらゆる時代の教会に普遍的に適用される基礎理論の上に、あとは具体的な状況の中で、ふさわしいあり方を考えて、構築していくべきものであるということです。聖書的な根本原理というものは変わることはありませんし、変えてはなりません。しかし、その先は、置かれている状況の中で、自分たちの主体的な責任において、考え、構築していくべきものなのです。

長老主義はカルヴァンの作成ではないということは事実ですが、しかし、カルヴァンが長老主義の展開に大きな貢献をしていることは事実です。つまり、カルヴァン以前のドイツやスイスの改革派教会の教会政治論と実践が、彼によって取り入れられ、総合されたと言えるからです。しかし、彼によって完成されたとは言えません。その後の発展は、次の世代に引き継がれていくのです。

その後の発展で大きな役割を果たしたのがオランダとスコットランドです。カルヴァンが記した「フランス信仰告白」と「フランス改革派教会の教会規則」は、ただちにオランダ改革派教会に紹介され、大きな影響を及ぼすことになりました。その後、オランダではジュネーヴ教会よりも発達した長老主義教会政治理論が作り上げられ、実践されていくことになります。

スコットランドも長老主義の歴史においてきわめて重要です。なぜなら、歴史上、一つの国がある程度の長い期間、長老主義を実践したというのはスコットランドしかないからです。その意味で、スコットランドは長老主義の祖国と言えます。

スコットランドの宗教改革は、一五六〇年に起こりました。指導者はジョン・ノックスです。彼が「スコットランド信仰告白」と教会規則である「第一規律書」を起草しました。この「第一規律書」は、教会大会では採択されましたが、議会では承認されませんでした。その内容としては、確かにスコットランドに全国的な改革派教会を打ち立てようとしているのですが、全体としてはかなり大まかなものです。長老主義の観点から言えば、牧師選出にあたっての会衆の承認や、長老・執事の選出、教会戒規の規定などが見られますが、一方で、牧師や諸教会を管理する監督牧師の制度なども見られます。段階的教会会議の規定も不十分です。

スコットランドにおいて長老主義が確立したのは次の世代、つまり、アンドリュー・メルヴィルの時代だと言えます。彼が起草した「第二規律書」は、一五八一年に教会大会が受けいれています。大陸で学んだ後に帰国したメルヴィルは、スイス、フランス、オランダの改革派教会の状況をよく理解していました。そしてスコットランドの現状を見つめて、強固な長老主義体制を確立するためにこの「第二規律書」を起草したのです。

そこでは、教会の役者として、牧師、教師、長老、執事の四職が挙げられています。そしてそれぞれの職務内容が詳細に規定されています。「第一規律書」にあった監督牧師はなくなっています。さらに、四種類の段階的教会会議が規定され、その権能等が記されています。

この「第二規律書」は、スコットランドの長老主義制度を本格的に承認した、一五九二年の「黄金法」によって本格的に受容されました。そして、スコットランドの長老主義確立のために大きな役割を果たしたのです。

4 ウェストミンスター神学者会議における長老主義

こうして一七世紀に入ると、オランダとスコットランドが長老主義を実施する主要な国となります。

とりわけスコットランドは、ウェストミンスター神学者会議の作成した成果を自分の国のものとして採択し、実行していきます。それゆえ、ウェストミンスター神学者会議の成果は、スコットランドで実を結び、そこから全世界に広がることになったのです。

そこで最後に、ウェストミンスター神学者会議における長老主義について見ておきたいと思います。ウェストミンスター神学者会議とは、一六四三年七月から五年以上に渡って、ロンドンのウェストミンスター寺院で開かれた神学者たちによる会議です。これはイングランド議会によって招集された会議でした。当時のイングランドは内戦の最中にありました。国王軍と議会軍が戦っていました。その議会が神学者会議を招集したのです。それはなぜなのか。それは、イングランド教会を立て直すためでした。

チャールズ一世の時代、教会は腐敗し、敬虔なピューリタンたちはひどい迫害を受けました。教会の腐敗も議会と国王の対立の大きな原因でした。内戦を戦っていた議会は、この戦いに勝利した後の教会体制の再構築のために、その準備のために神学者たちの議会を招集したのです。

しかしその後、戦況が議会軍に不利になりました。そこで、スコットランドに軍事援助を求めました。その際スコットランドは、軍事援助をする代わりに、この戦争に勝利した際には、イングランド・スコットランド・アイルランドの宗教を一つにすることを条件にしたのです。つまり、三王国の教会を、長老主義教会として統一することを願ったのです。

イングランド議会はこの条件を飲みました。それによって結ばれたのが「厳粛な同盟と契約」です。これによって、神学者会議の使命が変わりました。つまり、神学者会議は、この統一した長老主義教会のための、共通の信仰告白、教会政治規程、礼拝指針、教理問答を作ることになったのです。そして実際に、この会議によって、私たちの教会が信仰規準としているウェストミンスター信仰告白、大教理問答、小教理問答が作成されました。さらに、教会政治規程、礼拝指針等を生み出したのです。

ウェストミンスター神学者会議の果実の中で、その後の歴史で大きく用いられたのは、言うまでもなく、信仰告白と教理問答です。しかし、実際に会議において、最も激しく議論がなされたのは、教会政治についてでありました。会議の中には四つのグループがあったわけですが、それは教会政治の考えの違いによって生まれていました。それは、主教派、長老派、独立派、エラストス主義者です。そして教会政治について、一番激しく議論したのが長老派と独立派でありました。何が議論の争点だったのでしょうか。その議論に、長老主義の中核的思想が表れていると言えます。

神学者会議は、委員会が案を提案し、それを全体会で議論して表決するという方法を採っていました。五年以上にわたる神学者会議の議論の中で、最も激しい議論になった命題は次のものです（一六四四年一月）。

「(1)聖書は、教会の中にあるプレスビテリーを提示している。Ｉテモテ四・一四、使徒一五・二、四、六。

(2)プレスビテリーは、御言葉に仕える牧師と、教会の統治に共にあずかることがすでに票決されている、他の公的な役員とから成る。

(3)聖書は、多くの各個教会が一つのプレスビテリー統治の下に置かれうることを提示している」。

このうち、第一命題と第二命題はすぐに表決されました。つまり、第一命題と第二命題については、長老派と独立派に意見の対立はなかったのです。それゆえ、第一命題のプレスビテリーは「中会」を意味しているのではありません。これは各個教会の長老会を意味しています。そしてそのプレスビテリーは、第二命題にあるように、牧師と治会長老から成るのです。

このことから分かりますように、独立派というのは、各個教会において、長老が選ばれ、牧師と共に長老会を形成し、その長老会が教会を治めることを主張していました。この点は、長老派とまったく一緒だったのです。独立派は、会衆主義教会の範疇に入れられて、会衆によって統治されると理解される場合がありますが、そうではありません。各個教会は、長老会によって治められるのです。この点は、いわゆる会衆主義教会とは異なります。

では、長老派とどの点が異なっていたのでしょうか。それが第三命題でした。第三命題に独立派は強硬に反対したのです。第三命題は、各個教会の上にそれを統治するプレスビテリーがある。中会がある。それを聖書は教えているという主張です。これを強く主張したのが長老派であり、これに強硬に反対したのが独立派でありました。

つまり、独立派は、各個教会は教会として完全に独立しているのであり、各個教会の上に管轄権を持つような中会や大会の存在を認めないということを主張しました。各個教会は、長老会によって統治されるのです。しかし、上級会議による支配を認めないのです。この点が、長老派と独立派の根本的な相違でありました。つまり長老派の主張の中心は、管轄権を持つ中会や大会の存在を認めるという所にあったのです。

こうした論争の中でプレスビテリアン（長老派）という用語や、プレスビテリアニズム（長老主義）

という用語が定着していきました。ですから、プレスビテリアニズム（長老主義）という言葉には、中会を重んじるという意味が込められています。長老を立てるから長老主義ではありません。独立派も長老を立て、長老会が各個教会を統治しました。これは長老派も同じです。大きな違いは、各個教会を統治する、その上の会議である中会を認めるか否かです。それを認める方が長老主義です。それがプレスビテリアニズムです。ですから、プレスビテリアニズムという言葉は、中会を重んじるという意味が込められているのです。

日本では、中会主義という言葉が用いられることがありますが、長老主義と区別した中会主義という英語の言葉はありません。プレスビテリアニズム、長老主義という言葉自体が、中会を重んじる教会政治の制度を意味しているのです。

歴史的に言えば、中会を重んじ、管轄権を持つ段階的教会会議を認める点が、長老主義思想の要であったと言えるのです。

ウェストミンスター神学者会議は、教会政治について激しい議論を展開しました。聖書的な教会政治を真剣に追及しました。しかし、その見解の相違を「正統か異端か」というような絶対的な相違だとは考えていなかったことを覚えておくことは大切です。

たとえば、強い長老主義者であったスコットランドのサミュエル・ラザフォードは、主教派のジェームズ・アッシャーと個人的には大変親しい仲でした。実際、ウェストミンスター信仰告白に一番影響を与えているのは、このジェームズ・アッシャーが起草したアイルランド箇条です。つまり、教会政治の立場は違っても、教理的にはほぼ一致していました。教会政治形態の見解の相違は、決して絶対的な相違なのではありません。

ウェストミンスター神学者会議は、激しい議論を経て、「教会政治規程」を作成しました。それはアンドリュー・メルヴィルによる「第二規律書」よりも簡潔・明瞭に長老主義の原理が述べられていると言えます。この規程は、それまでの一〇〇年以上に渡る、改革派教会の教会政治の理論と実践の集大成であると言えます。そしてその後、今日に至るまでの全世界の長老教会の歩みに決定的な影響を与えたのです。

5　おわりに

これまでの議論を箇条書きでまとめておきます。
(1)教会政治は、イエス・キリストの体なる教会が健やかであるために必要なものである。教会が、人間ではなく、キリストに支配されるためには正しい秩序が不可欠である。
(2)長老主義は、聖書的な教会政治の形態である。すなわち、長老主義は聖書に明確な根拠を持っている。しかし、長老主義教会だけが教会という訳ではない。長老主義者とは、長老制が一番、聖書的根拠が確かだと信じている者たちのことである。
(3)初代教会には、「教えるつとめ」「治めるつとめ」「仕えるつとめ」という多様なつとめがあり、それらを担う多様な職務があった。しかし古代カトリック教会の形成の中で「つとめの多様性」が失われた。改革派の宗教改革は、その失われたつとめの多様性を回復するものであった。
(4)長老主義は、一六世紀から一七世紀にかけて一〇〇年以上に渡る、改革派の神学者たちの理論と実践によって、次第に作り上げられていった教会政治理論である。カルヴァンがそれまでの理論と実践を総合し、さらにカルヴァン後に発展し、確立していった。

⑸ウェストミンスター神学者会議の議論から明らかなように、「長老主義」には、中会を重んじるという意味が含まれている。そして、ウェストミンスター教会政治規程が、長老主義教会の歴史に決定的な影響を与えた。

長老主義は聖書的な教会政治理論です。私はそう信じています。しかし、聖書に規定される根本的普遍的な原理以外の部分については、かなりの多様性が認められる制度でもあります。それは長老主義形成の歴史からも明らかです。

ですから私たちも、中心的な原理を捉えた上で、現代の日本に置かれている長老教会としていかにあるべきかを主体的に考える必要があるのです。私は、長老主義は、主体的に考え展開することを求めている制度だと思います。牧師の役割、長老や執事の役割、執事が小会のメンバーになるか否か、会計の責任を長老会が持つか執事会が持つか等々、細かい点では日本の現状に合わせていろいろ考えて展開することができるのです。

聖書的確信に立って、自分たちのあるべき長老主義教会を立てあげていく。そのような主体性が私たちに求められていると思うのです。

長老主義教会の課題

1　はじめに

教会はキリストの体です。そして体は健やかでなければなりません。では、教会が健やかであるとはどういうことなのでしょうか。

宗教改革者たちは、教会の健やかさを知るしるしとして、「真の教会のしるしは何か」という議論をしました。カルヴァンが「真の教会のしるし」として挙げたのは、第一に純粋な御言葉の説教、そして第二に、御言葉に基づく正しい聖礼典の執行です。説教と礼典が正しく行われている。それが真の教会のしるしだと主張したのです。

説教と礼典ですから、これはいずれも公的礼拝に関係しています。ですから、「正しい礼拝」と言い換えても良いでしょう。そしていずれもその正しさは、御言葉に基づいているかどうかということでした。ということは、御言葉が何と言っているかという信仰告白が不可欠ということです。教会は信仰告白共同体です。それゆえ教会の土台は、信仰告白でなければなりません。

教会が健やかであるためには、御言葉に基づく信仰告白と、正しい礼拝が必要です。これがなければ、教会はキリストの体として健やかであることはできません。しかし、これだけで十分なのかと言えば、そうとは言えません。

私たちの体を考えてみてもわかりますが、体には有機的なつながりがあります。秩序がある。それがなければ、体にはなりません。体の部分部分がしっかりつながってうまく機能するときに、体は健やかであると言えるのです。

教会もそれと同じです。パウロが述べたように、私たちはキリストの体の部分部分です。そのつながり、秩序がうまく機能するときに、体全体が健やかになるのです。教会の制度は、そのために必要なものです。キリストの体なる教会のいのちが健やかに育ち成長するために、教会の秩序としての教会制度が必要なのです。

2　長老主義の諸原則

長老主義というものは、一〇〇年以上の歴史の中で展開発展していったものですので、最初から何か普遍的な原則があると固定的に考えるのは、望ましくありません。長老主義の原則は時代によって異なりますし、また主張する人によっても異なります。

とりわけ、長老主義は歴史のある時点で、決定的とも言える大きな変化を遂げたことを忘れてはなりません。実は、一六世紀から一七世紀にかけて、長老主義者たちは皆、国教会制を前提に考えていました。すなわち、中世のキリスト教社会と同様に、一つの国・地域には一つの宗教としてのキリスト教があり、すべての地域が教会区に分けられ、そしてすべての人がその住んでいる教会区の教会員になるという体制です。一六世紀・一七世紀の長老主義は、この国教会主義を内包していました。それが前提でした。同じ信仰や志を持った人たちが自分たちで自由に教会を作るという発想は、長老主義者たちの最も嫌うものでした。長老主義というのは、長老主義国教会体制を作ることを目指す人たちでした。それとは異なる「自由教会」を作ろうとする人たちを厳しく批判したのです。

それゆえ、ウェストミンスター信仰告白にも、国教会主義を前提とする条項があります。二〇章四節、二三章三節、三一章一、二節です。

このように、いわば古典的な長老主義は、国教会主義と一体化していました。しかし、アメリカにおいて新しい状況が生まれます。アメリカに渡った長老主義者たちは、英国教会が法定教会であったヴァージニアなどで激しく迫害されました。少数派であった長老主義者たちは、自分たちの立場が認められない中で、バプテスト派と共に「寛容」のために戦ったのです。彼らは、国教会主義を捨て、一つの宗派と政治が結びつくことに反対しました。むしろ、政治と宗教の分離を求めたのです。そして、次第にどこの植民地でも、いくつもの宗派が共存するようになりました。

アメリカ革命の後、合衆国長老教会は、ウェストミンスター信仰告白の改定をしています。一七八八年ですが、そこで、国教会体制を含んでいる部分の削除訂正を行いました。国教会主義を捨てた長老主義を目指したのです。これがいわば近代的長老主義と言えます。つまり、長老教会といえども基本的に有志が主体的に集まる自由教会となりました。そして信徒の自発的な献金で教会は運営されるようになったのです。

長老主義教会の歴史において、この変化は最大の変化であったと言って良いでしょう。先ほども言ったように、一六世紀一七世紀の長老主義者たちは、こうした「自由教会」を最も嫌ったからです。ウェストミンスター神学者会議で長老派が独立派に激しく反対したのは、各個教会がそれぞれ独立しているとすれば、結局、教会はばらばらになり、国教会体制は崩れることを感じとっていたからでした。

しかし、近代的長老主義は、国教会主義を捨てた訳ですから、一六世紀一七世紀の長老主義者たちの主張が、そのますますべて今日通用する訳ではないということになります。長老派は独立派・会衆派に大きく近づいたと言っても良いでしょう。古典的長老主義の時代の神学者の主張は、その意味で、歴史的に解釈した上で、今日に適用することが必要です。

日本キリスト改革派教会も、その合衆国長老教会のウェストミンスター信仰告白改定を第四回大会でそのまま受け入れています。国教会主義は採らない。近代的長老主義を採るということです。

では、その近代的長老主義の諸原則とは何なのでしょうか。改革派教会の中では、吉岡繁先生がご自身の著書『教会の政治』（小峯書店、一九七二年）の中で、長老主義の三原理として次の三つを挙げています。

①長老たちによる統治

複数の長老たちが会議を構成し、教会の一致と平和のために共同的権威を行使することです。

②教職の平等

監督主義政治の主張する、教職の位階制を否定することです。この平等とは「説教・任職・戒規・教会会議における法的権威の平等性」（五四頁）のことです。

③教会会議の段階的構成

教会の会議が、小会・中会・大会と段階的に構成されることです。

榊原康夫先生は、『創立宣言の学び』（榊原先生の講演は一九七九年）の中で「長老制のゆずれない原理」として五つのことを挙げておられます。

①役員候補選出における会員の参与

②二重の誓約

会員になるためには必要最低限の誓約、しかし役員になるには、教会憲法に対する誓約をすることです。

③教師の平等

④教会会議の拘束力

⑤外国教会との協力

この⑤について榊原先生は次のように記しておられます。「長老主義は、このように、初めから教会会議を、一つの町の小会、一つの領地の中会、一つの国の大会から、さらに国境を越えて外国の長老派とも会議をもつほどの、国際的な協力一致を目指した政治だったのです」（一五四頁）。

この点は、見落とされがちなのですが、非常に大切な点です。長老主義は本来、一つの国で完結するものではないのです。アンドリュー・メルヴィルが起草した「第二規律書」は、四種類の教会会議を規定していますが、それは、各個教会の会議、管区会議、全国会議、そして全世界的な会議です。七章四〇節にはこうあります。

「これ以外に、もう一つの全般的な種類の会議がある。それは、キリストの全世界的な教会を代表する、教会内のすべての国民、あるいはすべての身分よりなる会議であり、神の全教会の総会または総会議と呼ぶのが適当であろう」。

ウェストミンスター神学者会議の作成した「教会政治規程」にも、シノッドには数種類ありうるとして、「それらは地方教会会議と全国教会会議と、世界教会会議である」と規定しています。

現実には一国を超えた、正式な国際的な教会会議が開かれたことはありませんでした。しかし、長老主義者たちが常にそれを目指していたことを心に留めておくことは大切です。長老制の教会は本来、一国の中で完結するものではありません。つまり、ナショナリズムと結びついてはなりません。近隣の国々の長老教会、全世界の長老教会との結びつきを失えば、教会は歪む危険性があることを覚えておく必要があります。

長老主義の原則をめぐる有名な論争が、一九世紀にアメリカで起こりました。北長老教会のチャールズ・ホッジと、南長老教会のジェームズ・ソンウェルの論争です（この論争については、大山忠一先生が「長老政治の根本原理」という論文を書いておられる。『改革派教会の歴史的戦い』に所収）。ホッジが挙げた長老主義の原理は次の三つです。

①教会員は教会政治の実質的部分に対する権利を持っている。

②御言葉と教理においてつとめを果たす長老は、教会の最も高く恒久的な役者であり、そのすべての者は同じ階級に属する（教職の平等）。

③外的で目に見える教会は、より小さい部分はより大きい部分に、そしてより大きい部分は全体に従属するという意味で、一つである、あるいは一つであるべきである（段階的教会会議）。

このホッジの原理に対して、ソンウェルが批判を加えました。最大の批判点は②だと言えます。ホッジは「御言葉と教理においてつとめを果たす長老は、教会の最も高く恒久的な役者」だと主張しました。宣教長老・牧師こそが、神から召命を受けた教職であるとして、一般信徒と峻別したのです。そして、宣教長老と違い、治会長老は、一般信徒の代表として選ばれた教会役員だとしたのです。

ソンウェルは、ホッジがこのようにして宣教長老（つまり牧師）と治会長老とを峻別し、宣教長老こそが「教会の最も高く恒久的な役者」だとしたことを批判しました。なぜなら、治会長老も単に一般信徒の代表ではなく、神の召命によって選ばれた者だからです。ソンウェルは、宣教長老と治会長老の平等を主張しました。牧師もまた長老であることを強調しました。二種類の長老の平等性を主張したのです。

ソンウェルが、治会長老を単なる一般信徒の代表ではなく、宣教長老と同様にキリストの召しによって職に召された者と主張したことは正しいと言えます。彼は、教職の平等だけでなく、長老の平等性こそが長老主義になくてはならないものと考えたのです。そしてこれは、聖書の教えにかなっていると言えます。牧師と長老の平等性が確保されていなければ、教会会議は真に会議として機能しないでしょう。真の会議のためには、議員は平等でなければならないのです。

さて、以上のような議論を踏まえて、私なりの長老主義の原則を示しておきたいと思います。

①「教える」「治める」「仕える」という多様なつとめと、それを担う多様な職制の存在

②長老会議による教会統治

③教師の平等

④宣教長老（教師）と治会長老の平等

⑤管轄権を持つ段階的教会会議による教会統治

これ以外にも大切な要素がないわけではありませんが、原則として挙げるとすれば、この五項目になるのではないかと思います。

3　中会とは何か

次に長老主義の要である中会について考えてみましょう。改革派教会の政治規準は中会の権能と任務について、次のように定めています。

第九二条（中会の議会権能と任務）　中会の任務は、管轄区域内の教師・各個教会・小会を霊的に統治することである。

2　この任務を達成するため、中会は次の権能を与えられる。

一　正規の手続きにより提出された照会・異議申し立て・上告を処理すること。

二　小会がその権能を行使し得ない場合に、中会が代行すること。

三　小会記録・治会記録・伝道所委員会記録を調査し、権能が正しく行使されるように配慮すること。規則に違反したときは、適当な処置を行うこと。

四　伝道所の宣教教師に法治権を委託し、これが適正に行使されるように配慮すること。

五　宣教師及び規定外奉仕者に法治権を委託すること。

六　教師候補者を管理すること。

七　有資格者に説教免許を与えること。
八　教師の試験・試問・在職・就職・転入・加入・転出・退会・休職・辞職・引退・除籍を行うこと。
九　牧師・宣教教師の就職と辞職が円満に行われるように配慮すること。
十　職務に就いていない教師について配慮すること。
十一　教師・教師候補者を召命に応じて忠実に職務に精励せしめ、また必要な戒規を行うこと。
十二　大会の合法的決議が守られるように注意すること。
十三　教会の純潔と平和を傷つける誤った主張をけん責すること。
十四　各個教会の中に起こる悪事を調査し、矯正すること。
十五　各個教会の設立・合併・加入・退会・解散を行うこと。
十六　教会の開拓場所及び教会の移転等について助言し調整すること。
十七　各個教会が牧師・宣教教師を欠かないよう配慮すること。
十八　管轄区域内の総合的な伝道計画を確立し、これを実施すること。
十九　友好ミッションと協力関係を結ぶこと。
二十　単立の改革・長老主義教会と友好関係を結ぶこと。
二十一　教育、その他管轄区域内の教会の共通の利益のために最善を尽くすこと。
二十二　全教会の共通の利益となる計画を立案し、大会に提案すること。

第一項に「中会の任務は、管轄区域内の教師・各個教会・小会を霊的に統治することである」とあり、第二項で具体的な中会の権能が数えられています。そして第二項にある中会の権能は大きく四つに分類することができます。

①教師の管理（四、五、八、九、一〇、一一）

②教師候補者の育成・管理（六、七、一二）

③教会・伝道所の霊的統治（一、二、三、一二、一三、一四、一五、一六、一七）

④中会前進のための計画・事業等（一八、一九、二〇、二一、二二）

これらはさらに大きく二つにまとめることができます。一つが「教師・教師候補者の管理」でありもう一つが「教会・伝道所の霊的統治」です。長老主義における中会本来の任務は、教師を任職し、その働きに責任を持つことです。教師及び教師候補者の育成管理が中会の第一の役割であると言えます。

確かにソンウェルが言ったように、教師と長老の平等性という視点を失ってはなりません。しかし、それを踏まえたうえで、やはり教師が教会において決定的に重要であることは疑う余地がありません。政治規準の四三条にも「教師の職務は、その重要性の故に教会において第一位を占めるものである」と記されています。

私が神学校を卒業してから一七年以上が経ちました。その間に、改革派教会の中で様々な問題が起こりました。そして、残念ながら牧師に起因する問題が少なくなかったと言えます。私は一七年間園田教会の牧師をしました。園田教会には、山本栄一長老という長老がいました。彼はしばしばこう言っていました。「教会の問題は結局牧師の問題だ」。

牧師にとっては厳しい言葉だと思いますが、私は本当にそうだと思いましたし、牧師はそう受け止めなければならないと思いました。どんなに教会に問題があっても、牧師にふさわしく対処する力があれば、教会は何とかそれを乗り越えていけるのです。こんなことを牧師に向かって平気で言う長老とはどんな長老かと思うかもしれませんが、彼ほど牧師を尊敬し、教会の集会に熱心であった長老はいません。しかし私たちは、決して馴れ合いになることはありませんでした。私たちの間にはいつも、良い緊張感がありました。良い緊張感の中で、共に教会に仕えたのです。

教会の将来は、やはり牧師の資質にかかっています。そしてそれは、中会の責任です。牧師が、教会を前進させることができるように、そのように牧師を励まし、力づける。あるいは、学びの機会を提供する。それは牧師個人の責任だけでなく、長老たちも加わっている中会的な課題なのです。中会の長老さんたちには、牧師が本当に良い働きができるためにはどうしたらよいか、どうしたら牧師が成長するのか、そのために長老はどうあるべきなのかを真剣に考えていただきたいと思います。

そして将来の牧師となる教師候補者の育成も中会の任務です。教師候補者の教育は神学校の責任ではないかと言われるかもしれません。その通りです。しかし、本当にふさわしい人を神学校に送ってくれなければ、神学校では十分な教育はできません。ふさわしい人を発掘して、整えて、責任をもって神学校に送るのは、小会と中会の課題です。そして在学中も、その成長を見守り続けるのです。

教会の将来は何といっても牧師にかかっているのですから、そのために中会でできることは何かをぜひ考えていただきたいと思います。

そして中会のもう一つの任務が「教会・伝道所の霊的統治」です。ここには多様な内容が含まれますが、何より中会内の教会・伝道所が支え合って伝道と教会形成に邁進することが重要です。それを導き助けるのが中会に託された使命なのです。

それに加えて、中会の課題として、私は二つのことを挙げておきたいと思います。一つは、中会の神学力ということです。政治規準には、先ほど見たように実に二二項目が中会の権能として挙げられています。率直に言って、これらの権能を適切に果たすためには、かなりの神学的力が要ります。確かに中会はできるだけ頻繁に集まることができるような規模がいいと言われます。その通りですが、しかしその中会が、これだけの権能を適切に行使できるのかという問題があります。

中会を小さくするためには、それに見合う神学力の向上がおそらく必要だと思います。教師はどのようにして自らの神学力を向上させるのか。それをいつも自らの課題としている必要があると思います。神学校時代、牧田校長はこう言っていました。「学ぶのをやめた時は、牧師を辞める時だ」と。教師にはその自覚が必要です。

しかし、神学力は教師だけの問題ではありません。長老の神学力も向上しなければ、中会は健全に機能しません。そして長老の神学力が向上するためには、信徒全体の神学力の向上という下支えが絶対に必要です。教師だけでなく、長老の神学力をいかに向上させるか、それも中会が真剣に取り組むべき課題だと思います。

もう一つ、中会の課題として指摘しておきたいのは、教会会議の理解ということです。言うまでもなく、中会の要は教会会議です。それゆえ教会会議についての適切な理解がなければ中会はうまく機能しません。

第一に、段階的教会会議とは何かということです。これは決していたずらに、下位の会議は上位の会議に従わなければならないということではありません。上意下達のために、会議の段階性があるのではありません。

政治規準の六七条にはこう記されています。

「小会・中会・大会は、その本質において同一であり、本来、同等の権利と権能を有している」。

これが基本です。つまり、小会・中会・大会という教会会議は本質的に平等なのです。上級会議であるというのは、権威の性質が違うということではありません。扱う範囲の大きさと内容の違いから来ているに過ぎないのです。政治規準六八条にはこうあります。

第六八条（教会会議の議事範囲）　各教会会議の議事範囲は、次のとおりである。
一　小会は、各教会にかかわる事項に法治権を有する。
二　中会は、一定地域内の教師・小会及び各個教会に共通の事項に法治権を有する。
三　大会は、全教会の中会・教師・小会及び各個教会に共通の事項に法治権を有する。
このように小会・中会・大会はその扱う議事の範囲が異なるのです。それゆえ小会には自治権があります。この権利が他から干渉されることがあってはなりません。上級会議は、基本的に各個教会の自治権を侵害することはできません。しかし、その各個教会が改革派教会の一つの枝であるということにおいて、その限りで自治権には制限があるのです（Louis Berkhof, *Systematic Theology*, pp.589-590）。

政治規準六九条には、こうした教会会議間の秩序についてこう記されています。

第六九条（教会会議間の秩序）　各教会会議は、分離独立して決議を行うものではなく、相互関係を有し、各教会会議の決議は、全教会の決議とみなされる。

2　各教会会議は、それぞれ固有の法治権を有するが、下位の会議は、正規の段階を経て、上位の会議の調査と管理とに服さなければならない。

3　下位の会議で、教理及び秩序に関して論争が生じたときは、上位の会議の決議にゆだねることが、全教会の純潔と一致のために必要である。

そしてもう一つ教会会議について取り上げておきたいことは、教会会議が、真に教会会議として機能するためには何が必要なのかということです。中会の要は会議ですから、会議が健全でなければ中会は健全にはなりません。それは小会も大会も同じです。

会議が、政治規準や会議規則に定められている手続きにしたがってなされれば、そこに長老主義が実現していると言えるでしょうか。それだけでは、そうとは言えません。長老主義というのは、会議で決めれば長老主義になるということではありません。どういう会議で決議がなされたか、それが決定的に重要なのです。

それゆえ会議の議員は「教会会議の精神」というものを知らなければなりません。教会会議とは何かということです。それはこの世の他の会議とは異なります。カルヴァンは、教会会議の権威を示す聖句として、マタイによる福音書一八章二〇節を挙げています（『キリスト教綱要』四・九・二）。「二人または三人がわたしの名によって集まるところ、その中にわたしがいる」です。そしてこの聖句は、礼拝におけるキリストの臨在を約束する御言葉であり、カルヴァンも礼拝の部分でもこの御言葉を取り上げています（四・一・九）。つまり、教会会議は礼拝と同様に、キリストの現臨のもとで営まれなければならないということです。礼拝の精神が、教会会議にも適用されるのです。

礼拝においては、神だけが崇められ、神だけが畏れられます。礼拝において人間が崇められたり、人間が畏れられたりしてはなりません。同様に、教会会議もそうでなければなりません。神様だけを畏れて、神様の前に自らの態度を示していく姿勢が、議員には求められるのです。

そして、教会会議はこういう性質のものですから、当然、会議における言葉は整えられなければなりません。礼拝においては言葉が整えられます。語られる言葉のために、祈りをもって準備がなされます。同じように、会議の言葉も整えられる必要があるのです。発言する場合には、よく祈って、言葉を整えて発言するのがふさわしいのです。

長老主義が健全に機能するためには、教会会議が健全でなければなりません。そして教会会議が健全であるためには、会議を担う人たちがそれにふさわしく整えられることが必要です。牧師と長老が、会議にふさわしい人として成熟していく。そこにある意味で、中会の成熟がかかっていると言えるでしょう。

そして、中会や小会には、準議員や陪席として執事さんが出席されることが望ましいと思います。それを通して、教会会議に対する教会の自覚がさらに高まると思うからです。

4　日本における長老主義

次に日本における長老主義について考えていきたいと思います。創立宣言の中で長老主義について「旧日本基督教会は少くとも法規上之を採用せるものなりき」とあり、改革派教会はそれに対して「之を純正に実施せんと願ふものなり」と記しています。つまり、旧日本基督教会の長老主義は不十分であったので、我々改革派教会は純正な長老主義を実施すると宣言した訳です。

戦後、改革派教会に続いて、一九五一年に旧日本基督教会に所属していたある一団が日本基督教団を離脱して、日本基督教会（いわゆる新日キ）を結成しました。ここではこの日本基督教会（以下、現在の正式名称である日本キリスト教会と記す）のことを少し紹介し、改革派との比較を試みたいと思います。

日本キリスト教会が日本キリスト教団を離脱した理由は、一つは信仰告白の問題、そしてもう一つが教会観・教会の職制の問題でした。日本キリスト教会の長老で、同志社大学神学部教授であった幸日出夫先生が「日本キリスト教会と長老制」という論文を書いておられますが（『日本キリスト教会の三五年』日本キリスト教会歴史編纂委員会、一九八六年）、それによれば、離脱した各教会には長老主義教会を形成するという強い自覚があったことが分かります。それも、中会を中心とした長老制でなければならないという強い主張があったのです。幸先生の論文は、その中会を中心とした長老制が実際に実現しているかを厳しく検討しているものです。

幸先生はその不十分さを厳しく批判しておられます。中会の問題として挙げられているのは次の三点です。

①各個教会主義がしみ込んでいる。

中会の重要性ということが、単なるスローガンに終わっているのではないか。本来中会が関わらなければならない問題が、長期間放置されている。中会が機能していないのではないか、と厳しく指摘しておられます。

②中会の範囲が広すぎる。

中会の範囲が広すぎて、本来の中会の働きができていないという指摘です。幸先生は次のように言われています。

「中会が大切である、中会が中心である、と言ってきたのは、ただ大・中・小の真ん中が大切ということではない。地域の複数の教会（その教会と長老）の集まりが大切ということである。広い大陸に点々と新しい町をつくっていったアメリカの場合などは、中会が広域にわたっているが、ドイツの例などを見ると、中会というのは、一つの都市の数個の教会の牧師長老の集まりなのである。近いところだと毎週でも集まることができる。お互いに事情もわかり、何でも話し合うことができる。これが中会である。日本の教会は百年の歴史を持っており、その間、中会が広域で運営されてきたので、理論だけで急に切り替えることはできないが、何故、長老主義で中会が大切だと主張するのかという原点に帰って問題を考えないと、形式主義のあやまちに陥るおそれがある」（同書、一〇六―一〇七頁）。

そして幸先生は、「長老制を標榜する日本キリスト教会にとって中会機構の改革は不可欠の課題」だと言われています。

③大会中心主義。

理念として中会を強調しながら、実際は大会中心になっているということです。中会が強調されると、「全体の一致をおびやかし、時としてそれを破りかねない」という警戒心が生まれると言います。それゆえ、結局、旧日本基督教会時代に次第に形成された「大会万能、中央集権的体質」がまだ強くあると指摘しておられます。

幸先生がこの論文を書かれてから、二十数年が経っていますので、日本キリスト教会も、その後いろいろな変化があったと思います。ただここで指摘された中会に関する問題は、私たち改革派教会にもかなり共通しているのではないかと思います。それこそ中会によって違うのかもしれませんが、私の意識では、やはり各個教会と大会の存在が大きく、中会の存在感はそれに比較すると希薄であるように思います。それは中会の範囲が広すぎて、集まるのも大変で、お互いの事情もよく分からないところから来ている面もあるでしょう。

しかし、私は改革派教会において中会が中心的役割を果たすようになるには、もう少し教会全体が成長して、大きくなることが不可欠だと思っています。なぜなら、現在の私たちの教会の規模であれば、大会に、全教会・伝道所から代表が集まることが可能ですし、それが合理的です。しかし、教派の規模が現在の二倍になれば、大会は中会が選出した代表を送る代議制にならざるを得ません。そうなれば、その地域のすべての教会伝道所から代表が集まる教会会議が中会になりますから、中会の意味はより重くなります。

さらに、大会が代議制になれば、欧米の長老教会がそうであるように、大会における重要な決議は、各中会の同意がなければできなくなります。大会の決議を中会がチェックするのです。しかし現在は、事実上、中会に出席する人と大会に出席する人が同じですからそのような制度の必要はありません。

こういう訳で、構造上、中会が教会の要となり、独自性を持つのが難しいのです。もちろん、そうは言っても、中会が要となるように努力することは必要です。しかし同時に、日本の長老主義の抱える構造的な問題を覚えておくことは必要だと思います。

関連として、日本キリスト改革派教会の長老主義教会としての一番大きな問題を指摘しておきます。それは、宣教教師に法治権を委託した伝道所が非常に多いということです。

二〇一一年の統計でみますと、全国の教会・伝道所の数が一四二です。そのうち、宣教教師に法治権を委託した伝道所は四二です。約三割です。ちなみに中部中会は、教会が一六、教会所属伝道所が二、宣教教師に法治権を委託した中会所属伝道所が七です。

長老教会の原則で言えば、各個教会を統治するのは小会の権能です。しかし、小会が組織できない場合、伝道所になりますが、その場合中会が、小会の権能を一人の教師に委託するのです。それが宣教教師です。つまり、宣教教師というのは、いわばその群れの監督の役割をすることになります。

こうした個人の教師に小会の権能を委託するというのは、まさに、長老主義の例外です。実際この規定は、南長老教会の政治規準では、辺境の地に伝道師を派遣する場合とか、海外に宣教師を派遣する場合とか、本当に例外の場合だけになされました。しかし、日本キリスト改革派教会では、教会・伝道所の内の三割が「監督制の統治下」にあるのですから、もはや例外とは言えません。であるならば、監督制的な弊害が出ないように工夫し配慮する必要があるということです。

政治規準第七七条では、治会長老や執事の候補者を試問し、任職・就職させることは、宣教教師が単独ではできないことになっています。さらに、戒規の執行は、中会の伝道委員会の同意が必要とされています。こうして、監督制の弊害を抑えようとしています。しかし、十分ではありません。中会の法治下にあるのですから、中会の特別な配慮の下にあることが大切です。教師と会員が中会的な交わりの中で生きることができるように、孤立することがないように、特に心を配る必要があるのです。

5　長老主義教会の今日的課題

最後に、問題提起も含めて、日本における長老主義教会の今日的課題を述べておきたいと思います。二つの大きな課題があるということをお話しします。一つは、教会の霊的自律の問題です。長老教会の教会論の中心的な主張の一つは、教会の頭はイエス・キリストであるということです。そして長老教会は、歴史の中で、この「教会の霊的自律」のために戦ってきました。

コロサイの信徒への手紙一章一八節にはこうあります。「また、御子はその体である教会の頭です。御子は初めの者、死者の中から最初に生まれた方です。こうして、すべてのことにおいて第一の者となられたのです」。

またエフェソの信徒への手紙一章二二節にもこうあります。「神はまた、すべてのものをキリストの足もとに従わせ、キリストをすべてのものの上にある頭として教会にお与えになりました」。

このように、イエス・キリストこそ教会の頭である、と聖書は教えています。問題は、イエス・キリストが教会の頭であるとはどういう意味なのか。それは具体的にどういうことを意味するのかということです。

歴史を学ぶ時に、この点で特に私たちが心に覚えなければならないのが、国家的為政者との関係です。つまり、イエス・キリストが教会の頭であるとは、国家的為政者は決して教会の頭ではなく、教会の上に主権を主張することはできないということを意味するのです。

教会には、イエス・キリストから直接与えられている霊的な権能がある。国家から独立した権能がある。これが聖書の大切な教えです。イエス様はマタイによる福音書一八章一八節で、弟子たちにこう言われました。「はっきり言っておく。あなたがたが地上でつなぐことは、天上でもつながれ、あなたがたが地上で解くことは、天上でも解かれる」。

弟子団こそ教会の原点ですが、その彼らに主は「天の国の鍵」を預けると言われました。彼らが、人々を天国に入れることができる霊的権能を持つ。国家権力は何ら介入することはできません。それは教会に与えられた権能なのです。人々を天国に導く霊的権能なのですから、そこには当然、何を信じるかという信仰の内容や、何を教えるかという教育の内容も含まれます。そのような霊的権能が、イエス・キリストから教会に与えられているのです。

また、パウロはエフェソの信徒への手紙四章一一―一三節でこう述べています。「そして、ある人を使徒、ある人を預言者、ある人を福音宣教者、ある人を牧者、教師とされたのです。こうして、聖なる者たちは奉仕の業に適した者とされ、キリストの体を造り上げてゆき、ついには、わたしたちは皆、神の子に対する信仰と知識において一つのものとなり、成熟した人間になり、キリストの満ちあふれる豊かさになるまで成長するのです」。

教会における働き人を、キリスト御自身がお立てになったということです。そして、キリストによって立てられた働き人によって、キリストの体なる教会は、建て上げられて行くのです。教会の組織、教会の人事も、頭なるキリストの任命によるのであり、国家が介入することは許されません。教会における政治は、キリストによって立てられた教会役員によって行われるのです。

このように、キリストが教会の頭であるとは、霊的な事柄とその実践における教会の自律を意味します。スピリチュアル・インデペンデンスと呼ばれる、霊的自律、信仰上の独立のことです。教会には、イエス・キリストから委ねられた独立した権能があるのであり、その部分には国家権力が介入することは許されないのです。

なぜこの霊的自律、信仰上の独立が大切なのか。疑問に感じる方もあるかもしれません。今は十分に自由に、教会は活動できているではないか、別に問題はないではないか、と思われる方もあるかもしれません。それはそのとおりです。今は、この信仰上の独立は、基本的には守られています。国家権力がそれを犯すことはありません。なぜなら、日本国憲法があるからです。日本国憲法の信教の自由と、政教分離原則があるからです。それが、権力を縛っていてくれるが故に、権力はそこまで手を出すことはできないのです。

しかし、戦前戦中はそうではありませんでした。私たちは、戦前戦中の教会の歴史をしっかりと学ぶ必要があります。日本の国が戦争に向かって行くに従って、国家は、キリスト教を含めすべての宗教を国策に従わせようとしました。宗教の内容に介入し、宗教団体の組織を変えました。宗教団体法が成立し、日本基督教団が設立したことがまさにそれをよく表しています。

大日本帝国憲法においては、それを防ぐだけの厳格な信教の自由の保証はありませんでした。今日、日本国憲法の改正が目論まれ、その中でとりわけ九条が注目を集めていますが、憲法を改正する側が一貫して改正に情熱を持っているのが「政教分離規定」です。それを緩めて、神道を宗教ではなく習俗として、つまり日本の文化として位置づけたいと願っている。首相の靖国神社参拝を違憲ではないようにしたいと願っています。

しかし、これは恐ろしい事態を招く危険性を持っています。公務員は仕事として、神道行事に関与させられ、学校では日本文化として神道的宗教性が教えられる。神社非宗教論が復活するのは間違いありません。それが信教の自由を圧迫することになるのは、間違いありません。その面でも憲法改正から目を離すことはできません。

そして、戦前の教会の姿から私たちが何より学ばなければならないのは、教会が戦えなかったのはなぜであるか、ということです。信教の自由や政教分離を定める憲法がなかったから戦えなかったとの言い訳は通用しません。

当時の資料を見ればすぐに分ることは、教会は完全に国策に服従していたのです。それも極めて積極的でした。一九四四年七月一六日に東京で行われた「キリスト教総決起大会」の記事を見れば、神礼拝の中で、宮城遥拝が行われ、君が代が歌われ、そして、国のイデオロギーに染まりきった不純な祈禱が捧げられたことが分かります。また、すべての教会で、国民儀礼として、礼拝の中で、宮城遥拝や君が代斉唱が行われていたのです。

戦後になって、教会の指導者たちの多くは、戦前のことについてあまり口を開こうとはしませんでした。心ある少数の牧師たちは、悔い改めを表明しましたが、多くの牧師たちはそうではなかったのです。彼らの多くは、それは教会を守るためだった、と言いました。そして、教会は戦中も精一杯戦ったのだ、と言われました。

しかし、本当にそうなのでしょうか。確かに、教会の存在は守られたでしょう。しかし、本当に守るべきものを守ったのでしょうか。守るためと言われていた教会は、本当にキリストの教会だったと胸をはって言えるのでしょうか。私は言えないと思います。

結局、彼らに欠けていたのは、「教会とは何か」という明確な意識であったと思います。教会はイエス・キリストを頭とすること、そしてそれゆえに霊的自律、信仰上の独立を有していることの強い確信があったなら、ああはならなかったのではないでしょうか。教会を守ると言いながら、何を守るかがはっきりしていなかったのです。何を譲ってはいけないかがはっきりしていなかったのです。スピリチュアル・インデペンデンスの意識が非常に希薄でした。それが、根源にある問題だったと思うのです。

自由民主党の憲法改正草案とはどういうものか、それをしっかり学ぶ必要があります。私たちは、同じ過ちを繰り返すことはできません。その戦いの視点になるのが、この「教会の霊的自律」「スピリチュアル・インデペンデンス」です。日本における長老主義教会として、今後、この戦いが避けられなくなるという自覚を持つ必要があると思います。

長老主義教会のもう一つの今日的課題は、伝道です。長老主義はもともと国教会主義と一体でした。つまり、最初から長老主義とは堅実な教会形成を目指すものであったのです。これは、国教会主義を捨てたアメリカの長老教会にも基本的に引き継がれていたと言えます。アメリカの長老教会は、信仰復興運動・リバイバル運動を巡って分裂することがありました。リバイバルを容認する側もありましたが、これは長老主義教会にふさわしくないとして拒否する側がありました。堅実な教会形成と相いれないとされたのです。

その賛否をこれ以上ここでは論じませんが、とにかく、長老主義は教会形成を大事にする教会論です。これが最大の長所だと言って良いでしょう。教会が堅実に、健やかな歩みをするためには、長老主義はとても有効です。ですから、長老制をとっている私たち改革派教会は、堅実な教会形成を進めている点が特徴であり、それが教派の最大の長所と言っても良いでしょう。

しかし、そこには落とし穴がないわけではありません。「教会形成なくして伝道なし」というのは私たちの教派の確信であり、私の確信でもありますが、しかし、未だキリスト者が一パーセントに満たないミッション・フィールドに生きる私たちは、教会形成ということだけに心を向けていてはいけないのではないかと思うのです。

確かに「教会形成なくして伝道なし」です。しかし同時にミッション・フィールドに生きる私たちはあえて「教会形成だけが伝道ではない」と自覚していかなければならないのではないかと思うのです。

長老主義は、教会形成に向いています。しかし、内向きになる危険性があります。私たちはもっと外に向けての伝道に心血を注がなければならないと思います。あえて言えば、長老主義教会として歩むと同時に、自分たちが福音主義教会であることをもっと自覚すべきだと思うのです。

イギリスの神学者アリスター・マクグラスは、プロテスタントの主流派には将来はないと断言しています。主流派にはいわゆる改革派や長老派が入ります。プロテスタントで将来があるのは、福音主義だと彼は断言します。当然そこでは「福音主義とは何か」ということが問題になりますが、その大切な要素は、十字架の福音を掲げて伝道活動を優先することです。個人的回心がもっと強調されることです（『キリスト教の将来』本多峰子訳、教文館、二〇〇二年、参照）。

伝道を最優先するのは「福音派」ではないかと思われるかもしれません。しかし、今はそうではありません。たとえば、日本キリスト教団の、東京神学大学の前学長であった近藤勝彦先生などは、とにかく伝道を強調される方です。近藤先生はこう言われています。

「教団、教会、牧師がその祈りと信仰的関心を向けるべき方向は『寝ても覚めても伝道』です。そして『何よりも伝道』であって、そこに各教会と全教団的な祈りと政策的努力が傾けられなければならないでしょう。伝道こそがもっとも困難で、しかも本質的な教会の課題であって、それに真っ向から四六時中直面すべきことです」（近藤勝彦『日本伝道の展望』二七頁）。

そして徹底した伝道的教会の形成が必要だとして、次のように述べています。

「教会生活を点検して伝道的になっているか否か、その『実践的プログラム』を常に検証し、有効に実行していく必要があります。『礼拝』が伝道的な力を持った礼拝になっているかどうかが重大です。また礼拝以外の『伝道のためのプログラム』が適切かどうかを検討する必要があります。年に一、二度の『伝道礼拝』だけでなく、『伝道月間』のプログラムを持つことも必要でしょう。『教会学校』のあり方、子どもの招き方、父母への訴え方、『親子礼拝』の持ち方、求道者の求め方・迎え方、求道者会・入門講座・聖書を学ぶ会などの持ち方、教会員子弟への働きかけ方、幼児洗礼と信仰告白の指導、高齢の信徒の方々に対する牧会、その家族への働きかけ、訪問や電話でのコミュニケーション、インターネットの活用、葬儀や記念会の充実など、諸教会のそれぞれの経験と工夫の情報を得て、それぞれの教会に適切なあり方を探し、工夫することができるはずです。また、しなければならないでしょう」（同二八頁）。

全部を伝道の視点で検証し、そして有効に実行していくべきだということです。改革派教会が将来を切り開いていくためには、やはりこの道しかないと思います。私は、改革派教会であるとの自覚と同時に、福音主義教会としての自覚をもっと持つことです。それが極めて重要だと思います。日本キリスト改革派教会は、詳細な信仰規準と、厳密な長老主義教会政治を定めた教会法を持っています。しばしば誤解されるのですが、こうした詳細なものを持っているから、教会はがんじがらめで不自由になるのではありません。土台がしっかりしているのです。それは揺るがない土台です。ですから、私たちは、安心して、その土台の上で大胆になれるのです。土台さえ踏まえていれば、本当に自由になれるのです。

改革派教会が、二一世紀になお前進していくためには、この自由を生かして、大胆に歩むしかありません。そこに、改革派教会がこの国に置かれている存在意義があると私は思います。

二一世紀に生きる改革派教会の大きな課題は、この社会の中で、イエス・キリストの主権をしっかりと掲げて、教会の霊的自律のためにしっかりと戦うこと。そして、大胆に伝道することです。そしてその伝道を、堅実な教会形成に結びつけていく。それが、私たちの歩む道だと思うのです。

6　最後に

最後に、私が牧師として歩んできたなかで大事にしてきた一つの言葉を紹介させていただきたいと思います。それは、フランス・ルネサンスの研究者であった渡辺一夫先生の言葉です。渡辺先生は『フランス・ルネサンスの人々』という本の中で、人文主義（ユマニスム）を定義してこのように言われました。

「ユマニスムという字は、単に博愛的とか人道的とかいう意味にのみ用いられるよりも、人間が自分の作ったもの、現に自分の使っているものの機械や奴隷にならぬように、歪んだものを恒常な姿に戻すために、常に自由検討の精神を働かせて、根本の精神をたずね続けることにほかならないのではないかと考えております」（『フランス・ルネサンスの人々』岩波文庫、一九九二年、一九頁）。

人間が作ったものは、時と共にこわばっていく傾向があります。人間の益のためであったものでも、人間が使っていればそうなっていく傾向を持つ。人間の益のためであったものが、いつのまにか人間を機械や奴隷のように扱うことが起こってくる。ですから、「歪んだものを恒常な姿に戻すために、常に自由検討の精神を働かせて、根本の精神をたずね続けること」が大切なのです。

私たちは、何のための教会政治か、何のための長老主義かという根本精神をたずね続ける姿勢を持っていることが大切です。それは、キリストの栄光のため、キリストの体なる教会のいのちのため、いのちの養いのためです。牧師・長老・執事は何のために立てられているのか。これらはいずれも、仕えるつとめです。その根本精神が失われてはなりません。

牧師や役員だけでなく、信徒の皆さんも、いつも根本的なことをたずね続けることが大切です。牧師・長老・執事を選ぶのは、会衆の権限ですが、その際、一体何を判断基準にしているのでしょうか。長老教会が健全に歩むためには、教会員皆が、根本のことを尋ねながら、学び続けることが大切なのです。

長老制というもの、またそれを表している教会法・教会規程というのは器にすぎません。そこには確かに、聖書的な、神学的な蓄積が反映されています。ですから、それをうまく用いれば、教会は本当に豊かになります。

しかし、器は器のためにあるのではありません。中身を生かすためにある。イエス・キリストの体である教会の命を、教会につらなる一人一人の命を生かすためにあるのです。それを忘れるならば、良い器も無駄になります。いや、良い道具であっても、悪用されれば危険であるように、かえって命を痛めつけるようなことさえ起こる。

ですから、教会はいつも、「本来のところから歪んでいないか」という、根本精神をたずね続ける姿勢を持たなければならないのです。教会員一人一人が、長老主義の根本精神を正しく理解することが必要なのです。

改革派教会は、この国の中で大切な役割を担っていると思います。その主イエス・キリストからの期待に応えて、イエス・キリストの体なる教会を、健やかな教会を、この国において共に建てあげていきたいと願います。

主な参考文献

矢内昭二／榊原康夫『創立宣言の学び』まじわり出版委員会、一九八五年。

吉岡　繁『教会の政治』小峯書店、一九七二年。

渡辺信夫『カルヴァンの教会論』改革社、一九七六年。

大山忠一「長老政治の根本原理」『改革派教会の歴史的戦い』矢内昭二編、小峯書店、一九七三年。

Charles Hodge, What is Presbyterianism ?

ジョン・マクハーソン『長老主義』上河原立雄／萩原登訳、聖恵授産所出版部、一九九二年。

渡辺信夫『長老制の歴史』改革社、一九七六年。

松谷好明編訳『一七世紀ピューリタン教会政治論資料集』聖学院大学総合研究所、二〇〇七年。

ウォルター・L・リングル『長老教会――その歴史と信仰』上河原立雄訳、聖恵授産所出版部、一九七九年。

竹森満佐一『教会と長老』東神大パンフレット二四号、一九八六年。

宮田　計『教会規程第一部　政治規準の学び』東部中会文書委員会、一九八二年。

藤掛順一『教会の制度――なぜ牧師、長老、執事か』全国連合長老会、二〇〇三年。

『日本キリスト教会の三五年――信仰告白・説教・聖礼典・長老制』日本キリスト教会歴史編纂委員会、一九八六年。

伝道者の養成について

「伝道者の養成について」が私に与えられたテーマです。伝道者の養成は、単に聖書と神学を教えることによるのではありません。聖書と神学を教えることはもちろん重要です。しかし、それが伝道者教育のすべてではありません。「人」を育てなければならないのです。牧師・伝道者にふさわしい「人」を育てなければならないのです。では、どのようにしてふさわしい人、伝道者を養成したら良いのでしょうか。そのことを考えていきたいと思います。

1　これまでの牧師・伝道者養成の概観

まず、歴史的な外観を簡単にしておきます。神戸改革派神学校の歴代校長の教育理念を見ておきます。

(1)岡田稔――「神学校は伝道の最短距離」

この言葉は一九五三年に発行された神学校同窓会誌「同労者」に掲載されているものです。岡田先生はその中で、ひとりの教職を養成するのに必要な経費とひとつの会堂の建築費とを同額と見た場合、どちらを優先すべきか、どちらが伝道にとって効率的かと問い、教職養成だと語ります。

さらに、その教職養成は、たとえば塾といった形式でも可能なのではと問い、改革派教職は軽便な機関では養成されえないとして、次のように言われています。「改革派教会は改革派教職を持たねばならず、改革派教職は軽便な機関では養成されないということになると、神学校維持は我々の絶対的要請であるということになるだろう。つまり単に打算面からの効果論としてでなく、原理論として神学校は設置することが有利なばかりではなく、どうしても持たねばならないのである」（岡田稔「同労者」一九五二年）。

岡田先生は、「改革派教職は神学校と離れて単独でなお、改革派神学を営む教職でなければならぬ」として、そのような神学ができる、神学全般について素養を備えた改革派教職養成のためには、神学校が不可欠だと主張したのです。

(2) 吉岡繁――霊的訓練の必要性

二代校長の吉岡繁先生は、神学校における霊的訓練の必要性を繰り返し強調されました。一九六七年の「校報」第一号には、吉岡校長の就任の挨拶が掲載されています。

「神学校の運営の難しさは経済面のことだけではありません。……神学校の霊的な面での運営は、神学校生活の本質的な面にかかわるものとして、祈りの中に深く配慮されなければなりません。神学校生活のもつ霊的な厳しさを一人一人の神学生が召命の故に耐えて、忠実な御言葉の役者、牧会者、伝道者として訓練されていくためには、人間の力ではない御霊の訓練が必要であります。教養を誇るのではなく、単なる知識を伝えるのでもない、真に生けるキリストを語る忠実な神の人の信仰の訓練をおぼえてお祈りください」（吉岡繁「校報」第一号、一九六七年）。
吉岡先生は繰り返して、霊的訓練を強調されました。

(3)橋本龍三――内外の多様な人材による神学教育

三代校長の橋本龍三先生は、新しいカリキュラムを作成し、その実施のために、地元の西部中会のみならず、広く改革派教会全体から講師として奉仕を求めました。また、改革派神学校の卒業生ではない他教派の先生にも講師を依頼しています。さらに、諸外国の神学校教授にも、特別講義をしばしば依頼しました。内外の多様な人材による神学教育を目指した点が、この時代の特徴だと言えます。

(4)牧田吉和――「神学と伝道の祈禱における統一」

この言葉は言うまでもなく、二〇周年宣言の言葉ですが、牧田校長就任時における神学教育の根本方針でありました。一九八七年一二月の「校報」に牧田先生は「神学校の新しい歩み」という文を書いておられます。

「〈神学〉の面では、改革派神学校の伝統である神学的訓練の厳格さをきっちりと保持したいと考えています。〈神学なしに教会なし〉が私たちの不動の確信であり、この点を更に強化するつもりです。……〈伝道〉の面では、神戸中央神学校の『伝道者』養成を自覚的に継承したいと願っております。伝道スピリットに溢れた伝道者の養成を切望しています。この面から神学教育全体を見直し、伝道の実践的訓練を神学校教育プログラムの中で明確に位置付けたいと考えております。

〈祈禱〉の面では……、聖霊論の宣言を真剣に受け留め、この面でも徹底して取り組みたいと願っています。祈りあふれた伝道者をうみだしたいのです」（牧田吉和「校報」一九八七年一二月）。

牧田先生は、神学的訓練と伝道的訓練と霊的訓練のバランスを取ろうと努めました。

(5) 市川康則――説教者養成への集中

五代校長の市川先生は、校長就任にあたり「私は、神学校教育は根本的に『説教者』養成のためにこそあると信じています」と述べました。二〇〇七年五月の「校報」に掲載された「就任のご挨拶」には次のように述べられています。

「礼拝は諸要素から成り立ち、そのすべてが必要、有益ですが、取り分け、御言葉の説教は中心的な役割を果たします。……神学校はその御言葉の奉仕者を養成する教育機関なのです。神学校を擁し、運営することは、教会の自己形成の中枢に属することです。それは、神の言葉が豊かに語られ得るための器を育成することだからです」（市川康則「校報」二〇〇七年五月）。

説教者養成を中心に、そこにつながるものとして神学教育を展開することを志していたと言えます。

(6) 吉田隆――「魂の医者を育てる」

そして現在の吉田校長の教育理念は「魂の医者を育てる」です。詳細は『改革派神学　第四一号』（二〇一四年一〇月）に掲載されています。

(7)教職養成問題検討特別委員会(一九八七—一九九一年)

神学校校長の教育理念とは別に、大会におけるこの問題の比較的新しい議論に触れておきます。この委員会への大会からの付託事項は、「改革派教会の教職養成についての現行制度の見直し」「生涯教育(継続教育)の方策」「教職者像の検討」の三点でありました。そしてこれらの問題点を把握し、必要な研究討議を行い、その結果を大会に報告することでした。

委員は、潮田純一(委員長)、小野静雄、榊原康夫、安田吉三郎、牧田吉和、長村秀勝、村川満です。有力なメンバーが集められ、精力的な活動をしました。結果として、委員会は七つの提案をしました。

①女性教職と女性長老を設けることについて。→研究委員会が設置。(二〇一四年大会決議で具体化)

②教師候補者管理と説教免許のあり方。

③教会公認の信徒説教者の新設。

④正規のコース外の教師への道を開くこと。

これら②③④は、憲法第二委員会に付託され、後に政治規準の改正などで具体化されました。

⑤助言教師の新設。

一九九一年に提案は少数否決されますが、二〇〇八年の大会で政治規準が改正され、この制度ができました。

⑥教師試験の改正。

試験方法を筆記試験と口頭試験による学科試験とすることと、試験科目の区分を変更する提案でした。神学的理解力を、より総合的に把握するために、口頭学科試験を本格的に導入するべきだという提案でした。提案はわずか二票差で否決されました。

⑦神学校教育課程半ばでの現場教育

これは神学校の教育途上で、学生を半年程度教会に長期派遣し、実地の訓練・教育を受けさせることの提案でした。この提案の背景には、卒業後任地で働き始めた後、直面する実際的問題に十分に対応できない現実があったからだと思われます。そのため、在学中に現場での経験を踏ませようとしたのです。

提案は結局、この問題を神学校に検討させ、二年後に報告させることになりました。そして神学校は、一九九三年に報告を大会に提出しています。それによると、修業年限の点では十分可能としつつ、主として経済的負担の問題と、受け入れ先教会の負担の問題で、「近い将来に具体化することは極めて困難」と報告しています。

こうしてこの提案は日の目を見なかったわけですが、この提案が出された背後の問題が、現在も解決されている訳ではありません。神学校卒業後に赴任した者が、現場で直面する問題に十分に対応できない場合はなおしばしばあるように思います。それゆえこの問題は、継続して考えていかなければなりません。

以上、これまでの改革派教会における教職養成について、歴史的に概観してきました。これらを踏まえた上で、私の考える牧師・伝道所養成の課題について述べていきたいと思います。

2　牧師・伝道者に求められていること

キリストの三職をそのまま牧師の課題の多様性に当てはめて論じることは本来できません。しかし、キリストが教会に託された課題を中心的に担う立場として、その視点から論じることは不可能ではないと思います。東京神学大学の近藤勝彦先生も、留保付きながらそのような仕方で論じていますので、私もそれを参考にさせていただきたいと思います（近藤勝彦『教会と伝道のために』教文館、一九九二年、一二五頁以下）。

キリストの三職とは、いうまでもなく「預言者、祭司、王」です。それゆえ牧師も、大きく三つの課題を担わなければなりません。それが「預言者的課題」と「祭司的課題」と「王的課題」です。

第一の預言者的課題とは何でしょうか。それは神の御言葉、神の御言葉の説教を語る課題です。牧師は何より、説教者であり、伝道者です。神の言葉の説教を、福音を語ることが第一の課題です。聖書が正しく説き明かされ、イエス・キリストの十字架と復活による救いのメッセージが的確に語られなければなりません。

牧師は説教で確かに人を養い育てる必要があります。それができなければなりません。主の日の説教によって、会衆に一週間の生きる力を、霊的な力を与えることができなければなりません。それができなければ牧師とは言えないでしょう。

それゆえ神学校においては、正しい聖書解釈ができるように、正しい聖書の説教ができるように、また、正しい神学が、改革派神学が身に付くように教育を行います。それは神学校の中心的な課題だと言えます。

牧師の第二の課題は祭司的課題です。祭司の役割は、民を代表して神の前に立ち、儀式を行い、民のために執り成しをし、また民を牧会することにありました。同様に牧師は、礼拝を司り、礼典を執行し、執り成しの祈りをささげ、そして神の民を牧会する役割が求められています。

近藤先生の本には「礼拝説教による『高壇の巨匠』とともに、牧会における『魂の医者』を時代は求めている」と記されていました（同書、一三一頁）。牧師によって御言葉が語られ、それによって福音が宣布され、また神の民が霊的に養われる。これはいつの時代も変わらない牧師の第一の務めだと思います。しかし、時代はそれとともに「魂の医者」を求めていると近藤先生は言われています。

ではその時代、現代の日本とはどういう時代なのでしょうか。それを一言で語ることはできません。ただ、「私たちの時代の姿」は、教会におられる信徒たち、また教会に訪ねて来られる方々の抱えている「問題の複雑さ」によく表れているように思います。少なくともかつては、社会は少しずつ良くなる、豊かになるというイメージの中で、自分の将来像を描くことができました。教会もそういうイメージを描いていました。その意味では、社会には比較的共通の価値観があったように思います。

しかし今は、誰しもが安定した将来像を描きにくい時代です。競争が激化し、自己責任ばかりが問われ、心の病も増えている。牧師が関わりを持つ人間の問題が本当に複雑化し、また深刻化しています。それだけ、牧師が直面している課題はますます厳しくなっていると言えるでしょう。

ですから、時代は「魂の医者」を求めているというのはその通りだと思います。牧師は牧会の課題として、一人一人の魂に対して、イエス・キリストの赦しによる、それに含まれている健やかさを伝えていくことが求められているのです。

その意味で問われるのは牧師の「霊性」だと言えます。真に牧会的な対話ができるかということです。一人一人の魂に対する深い愛があること、牧会的なコミュニケーションができること、それがこの時代の牧師には特に求められていると思うのです。

牧師の第三の課題は、王的課題です。これは教会を統治する課題です。教会共同体を内的混乱から守るとともに、外的脅威から守るつとめがあります。教会の真の王はイエス・キリストです。そのイエス・キリストの支配が貫徹されるように、牧師はそのために仕えなければなりません。もちろん、長老教会なのですから、長老と共に会議で治めるという面が大切です。しかし、牧師のこの面での見識と力は極めて重要です。

近藤先生はこう述べておられます。「牧師は、強圧的であってはならない。それによって、教会が悩まされることがある。しかしまた、牧師は、弱すぎてはならない。しばしば、長老会あるいは役員会や、特定の長老の教会的良識の欠如によって、教会と牧師が悩まされるからである。『十字架につけられた王』の支配が、とりわけ教会の中に現われるために、牧師は、『恵みによって強くなら』なければならない。『十字架につけられた王』に仕えることとしての教会統治が、牧師の課題として存在する。良く治められた教会の中で、つまり、キリストの王的支配が現われている教会の中で、各人は、平和で力強い信仰生活を送ることができる。それはまた、新しい霊的共同体を形成することであって、それによって、社会の中に救いの場を造りだすこと、つまりは、社会を救うことができる」（同書、一二三―一二四頁）。

牧師がこのような王的課題を果たすためには、教会共同体を霊的に運営する資質が不可欠です。その資質とは何かと言えば、それは健全な霊的判断力と、健全なリーダーシップだと言えるでしょう。教会は、牧師がどれだけの霊的判断力とリーダーシップを持っているかによって、その歩みが規定されてしまうのです。

以上のように、牧師には預言者的課題と祭司的課題と王的課題があります。牧師はこの三つの課題をバランスよくこなすことが求められています。もう一度まとめて言うなら、牧師は、説教で確かに人を養い育てなければなりません。そして牧師は、真に牧会的な対話が、コミュニケーションができなければなりません。さらに牧師は、健全な霊的判断力によってリーダーシップを発揮しなければなりません。

いつの時代も、この三つの課題が牧師には求められていると思います。しかし、これまでは、牧師の課題として、預言者的課題に偏り過ぎていた気がします。けれども、今私たちが直面している時代、またこれからの時代を考えたとき、祭司的課題と王的課題の重要性にもっと注目しなければならないように思います。

では、そのような牧師をどのように養成したらよいのでしょうか。それを次に考えていきたいと思います。

3　いかにして牧師・伝道者を育てるか

牧師は何より、正しく神の言葉を説き明かす力がなければなりません。また、改革派神学に通じていなければ、改革派教会を建て上げるような説教をすることはできません。その意味で、神学校は改革派神学をしっかり教え、また、正しく聖書を説き明かすことができるように教育する。それを第一の使命にしなければならないと言えます。その意味で最良の講義を学生に提供することが大切です。

しかし、ここで考えておきたいことは、牧師にとって神学は単に知的理解のためにあるのではないということです。牧師にとって神学は、それを生かして教会に仕えるためにあります。その意味で、神学は実践に結びつき、生かされるのでなければ意味がありません。

それは神学教育の在り方にも関係します。正しいことを理解して、それが答案に書ければ良いということではありません。むしろ、「自ら神学ができる牧師・伝道者」を育てなければならないのです。現場で具体的問題に直面しつつ、そこで神学的思考によってふさわしい判断ができる人になる必要があるのです。そのような牧師・伝道者が求められていると言えます。そしてそれに向けての教育が必要とされているのだと思います。

自分で考え、自分で学ぶ牧師・伝道者を養成する。そのためには教えられるだけではなく、自ら学ぶ自習が大切です。そして自習のための図書館も大切だと言えます。神学校が長年にわたり図書館の充実に努めてきたのはそのような理由に依ります。

牧師・伝道者を養成する神学校は、確かに神学を講じ学ぶ場です。しかし、その「神学の性質」にも留意しなければなりません。イングランド教会の代表的福音主義神学者アリスター・マクグラスは、今日の神学および神学者の傾向として二つのことを指摘しています。一つは神学の専門化です。神学がますます専門化し、神学者と言われる人たちは学問的な神学部門のうちにこもるようになっています。それゆえ、神学教育も専門化し、特殊化している。「神学教育は、ばらばらの情報の塊に精通することと以上のもの」ではなくなっているという傾向があるのです（アリスター・E・マクグラス『宗教教育を語る』高橋義文訳、キリスト新聞社、二〇一三年、七九頁）。

そしてもう一つの傾向は、神学の専門化によって、神学および神学者が信仰共同体から乖離していることです。神学も神学者も、本来は信仰共同体である教会に仕えるべきものです。しかし、神学の専門化によってそうでなくなっている現状があるのです。こうした中でマクグラスが強調するのは、神学に関して今必要なのは「スピリチュアリティを含めて考える」ということです。彼は神学教育の一側面としての霊性の形成、スピリチュアリティを含めて考えることの重要性を指摘しています。

神学校というものが学問的な課題に中心を置きすぎていることに対して、もっと自信を持って、霊性の問題、人格的な育成に取り組むべきだとマクグラスは述べています。彼の言葉を使えば、神学研究は「単にテキストと格闘するのでもなければ概念と格闘するのでもなく、生ける神と格闘すること」（同書、八一頁）です。神学校は、生ける神との関係が問われ、深められるような神学研究がなされる場でなければならないのです。

興味深いことは、日本でも、全く異なる方面から、神学教育における霊性の問題の大切さを指摘する声が挙がっていることです。牧会者の人格的未成熟が、教会で多くの問題を引き起こしていることを痛感しておられるキリスト者の精神科医工藤信夫氏は、その視点からの提言をしておられます。つまり、自分が問われなくてもできるような神学ではなく、神の前に自らが問われ、真の意味での人間の成熟が引き起こされるような神学教育が求められていると言われています（工藤信夫『これからのキリスト教――精神科医の視点』いのちのことば社、二〇〇五年)。

牧師・伝道者を育てるには、聖書を教え、神学を教えなければなりません。しかしその講じられる「神学の質」が問われていることを忘れてはいけないのです。

さらに牧師には、牧会的対話ができるコミュニケーションの力と、健全な霊的判断ができるリーダーシップが必要だと申しました。これらはいかにして養ったら良いのでしょうか。

コミュニケーションとリーダーシップの力が求められるのは、牧師・伝道者の働きが「共同体に仕えるためのもの」であるからです。牧師・伝道者は「共に生きる」働き人でなければなりません。「共に生きる」の「共に」には三つの意味があると言えます。

一つは、「神の民と共に生きる」「教会の会衆と共に生きる」という側面です。

二番目は、「同労者と共に生きる」という側面です。同じ牧師・伝道者として召された者同士が、心を合わせて協力して働くということが非常に重要です。

三番目は「すべての人とともに生きる」という側面です。教会の中だけでなく、この世の人たちともコミュニケーションをもち、関わっていく。そうした働きも牧師にとって大切です。

牧師・伝道者はまさに「共に生きる者」でなければなりません。そのためのコミュニケーションの力とリーダーシップを身につけなければなりません。それをどうやって養っていくのか。教派を超えて、それを養う場として位置付けられているのが、寮による共同生活だと言えます。共に生きる者となるための訓練として、共同生活が位置づけられているのです。

日本全国の神学教育機関の連携組織が二つあります。一つは主として福音派の神学校によって組織されている「日本福音主義神学校協議会」です。改革派神学校もそのメンバーに加わっています。そしてもう一つは、もっとブロードにカトリック神学院から大学の神学部まで、広く神学教育機関をカバーしている組織で「日本神学教育連合会」です。こちらには、オブザーバーとして参加しています。私はいずれの集まりにも参加させていただいていますが、そこで話題になることの一つは、寮生活の大切さと同時に、その大変さということです。特にここ一〇年、寮に入って来た学生がむずかしい問題、時に深刻な問題を抱えていて、それで寮でしばしば大変な問題が起こることが話題になります。しかし同時に、それだけに寮生活による訓練が、また人間の見極めが本当に必要だと言われます。たとえばカトリック神学院においても、寮生活は非常に明確な位置づけを持っています。「日本カトリック神学院の養成理念と指針」には次のように記されています。

「したがって、神学院が信仰に基づく神の民の交わりを体験する場となることは重要である。真に福音的な共同生活を送った者こそ教会を大切にし、将来、司教や司祭団、また修道者や信徒とともに神の福音を伝える者となれるからである。神学生は多くの恩人の支援に感謝しながら、養成者や召命の道を志す仲間とともに親密な共同生活を体験する」（日本カトリック司教協議会常任司教委員会企画編集『キリシタン時代の司祭像に学ぶ　付・日本カトリック神学院の養成理念と指針』二〇〇九年、一二一―一二三頁）。

「したがって神学生は、将来、司祭団の仲間として協力して働くことができるように、他の神学生とともに学び、生きることを大事にする。それは、チームワークの精神を学び、互いに知恵を出し合い、ともに汗を流して働く姿勢を身につけるためである」（一二五頁）。

「また、神学院の規律を遵守し、種々の役割を果たしながら営む共同生活は重要である。このような生活環境の中で、神学生は互いに心を開いて語り、協力して働き、包容力のある柔軟さをはぐくみ、教会共同体を導くリーダーシップを身につける」（一一八頁）。

共同生活の中で「共に生きる者」となり、リーダーシップを身につけさせるという理念が明確です。これは教派を超えて、ほぼ共通している部分だと言えます。

牧師・伝道者には「対話と交わりの精神」が必要です。「人と関わることのできる能力」が必要です。さらに、教会が直面している複雑な問題の中で、同労者と共同で働くチームワークが必要です。共に祈り、対話し、祈り合って、助け合って活動することが必要です。

そうしたコミュニケーション、チームワーク、リーダーシップを養うためには、共同生活による訓練が必要なのだと思います。私は、これからの時代を考えたとき、共同生活のあり方が、そこでの訓練が、これまで以上に大きな意味を持ってくるのではないかと感じています。

4　おわりに

以上、牧師・伝道者に求められている課題と、その養成についてお話してきました。教会にとって、牧師・伝道者が決定的な意味を持ちます。それゆえ、今日の伝道の停滞は、私たち現役の牧師・伝道者の問題を抜きにして語ることはできません。

もちろん、伝道の停滞を伝道者だけの責任とすることはできません。時代の問題もあるでしょう。また、教会自身の問題もあるでしょう。しかしそれでも、私たちは伝道者の問題が第一だと言わなければならないでしょう。

そして伝道者の問題が第一であるならば、私たちは、現在の伝道者自身の問題を棚上げして神学教育はできない、伝道者教育はできないと言わなければなりません。他人事でなくて、自分自身の問題として、伝道者としての力の減退、伝道者のエートスの低下という問題が起こっているのではないか。それを問わずして、伝道者教育はできないと言わなければなりません。

すなわち、伝道者教育においては、教える側がいつも、自分自身を厳しく問うていなければならないということです。自分の問題を棚上げして、伝道者教育をすることは許されないと言わなければならないでしょう。そういう厳しさが、教える側に求められていると思うのです。これは自分自身にいつも言い聞かせていることです。

教会のつとめは伝道であり、それゆえ伝道者の養成は、教会の生命活動の本質に属しています。改革派教会の伝道者養成が、さらに豊かなものになるように、私自身も託された働きに献身していきたいと思います。

「教える」ということの歴史的考察(1)
——アウグスティヌス、カルヴァン、トマス・チャーマーズ、そして現代

1　はじめに

神学教師に就職して最初の講演の機会を与えられましたことを感謝しています。これまで以上に「教えること」、とりわけ神学校で「教えること」が務めとなりますので、この機会にあらためて「教える」とは何かを考えてみたいと思います。

大変大きなテーマですので、さまざまな切り口が考えられるのですが、私のとるアプローチは歴史的なものです。とくに私たち改革派教会のルーツに深く関連するアウグスティヌス、カルヴァン、そしてトマス・チャーマーズが、教育とりわけ神学教育についてどのような見解を持ち、それをどう実践したかを検討します。そしてその上で、現代の神学校が抱えている諸課題について、アリスター・マクグラスの見解と日本のカトリック教会の見解を紹介し、共に考えてみたいと思います。

2　アウグスティヌスの「教師論」——教育哲学

(1)「教師論」とは

アウグスティヌスの教育論を考察する場合、基本的資料として取り挙げられるのは、『教師論』(*De*

magistro）、『キリスト教の教え』（*De doctrina christiana*）、『初歩の教え』（*De catechizandis rudibus*）の三書です[2]。このうち、『初歩の教え』は、洗礼志願者のための初歩的なカテキズム教育に関する書物です。これに対して『教師論』は、教育哲学の書物だと言えます。

この『教師論』は、三八九年に、彼が故郷タガステ滞在中に書いたと言われています。それは一人息子であるアデオダトゥスとの対話をもとに書かれました。アデオダトゥスは当時、一〇代半ばでしたが、驚くべき早熟の天才だったと言われています。彼の思索と弁論が、この対話編の内容の半分を占めています。しかしこのアデオダトゥスは、この対話の後、いくばくもしないうちに召天しました。アウグスティヌスは若くして世を去った一人息子に対する愛惜の思いを込めて、この『教師論』を書いたと言われています[3]。

そしてこの『教師論』の中で三つの問題が探求されています。①どうしたら真理を知ることができるのか、②どのようにして知識は伝達されるのか、③教えるという作用は、学習過程のなかでどのような役割を果たすのか、の三つです[4]。これらの探求を、アウグスティヌスは「ことば」の機能の分析から進めて行きます。

(2) 「ことば」によって教えることは可能か

教師は生徒を教えるのに、「ことば」を用います。「ことば」は重要な教育的機能を果たします。その「ことば」の分析から、彼は教師論を展開するのです。ではまず「ことば」とは何でしょうか。アウグスティヌスは言います。

ところで、お前は音声を分節して発することによって、ある意味を伴うことになるすべてのものを、「ことば」（verbum）と呼ぶことを知っているだろう。[5]

アウグスティヌスによれば、「ことば」とは、意味を伴って、分節して発せられる音声です。つまり、「ある『もの』（res）を伝達し知解させる記号（signum）」なのです。[6]記号は「もの」とは異なります。つまり、ある人が「ライオン」とことばを発したからといって、その人の口からライオンが飛び出してくる訳ではありません。そこで彼は言います。

なぜなら、私たちが話すものがなんであれ、口から出てくるということを私は認めないからです。というのは、私たちが話すものは、私たちが表示するものなのですから。話す者の口から出るのは、記号そのものが表示されている場合を除いては、表示される事物ではなくて、それによって〔事物が〕表示されるところの記号だからです。[7]

このように記号は事物そのもの、つまり実在ではありません。では人は記号によって、いかにして事物を知解することができるのでしょうか。私たちは通常、教師はことばによって事物を示し、生徒はそれを学ぶと考えます。しかしアウグスティヌスはそれを否定するのです。彼は言います。

ことばのもつ力とは、事物を探求するようにわれわれに勧めることに過ぎないのであって、これらのものを知るように示してくれるわけではない。……したがって、ことばによって学びとるところのものは、ただことばだけに過ぎない。すなわち、われわれは、ただのことばの音と響きとを学ぶだけなのだ。というのは、記号でないようなことばというものは存在しないのだから、たとえそれがすでに聞いたことばであるとしても、それが何を表示しているかを知るまでは、それがことばであるとわかるはずがないからである。……

したがって、ことばが発音されるときに、われわれはそれが何を表示するかを知っているか、それとも知らないかのいずれかであるといわれるのは、まことに理にかなった正しいことなのだ。もし、われわれが〔それが何を表示するかを〕知っているとすれば、学ぶというよりもむしろ想起するのである。しかし、もし知らないとすれば、想起するのではなくて、むしろ探求するように促されることになるのだろう(8)。

ここでアウグスティヌスは、「すでに聞いたことばであるとしても、それが何を表示しているかを知るまでは、それがことばであるとわかるはずがない」と言います。つまり、記号が示されても、その記号が示している事物について、その人が何の知識も持っていなければ、記号は何も教えてはくれないのです。けれども、学習者がその知識を持っていれば、その記号がその事物の記号であることを知るのです。すなわち、ことばがことばとしての機能を果たすためには、その記号が何を意味し、何を示すかを学習者は予め理解していなければなりません。茂泉昭男氏は、この部分を説明して次のよ

郵 便 は が き

料金受取人払郵便

銀座局
承認

8254

差出有効期間
平成30年1月
9日まで

1 0 4-8 7 9 0

628

東京都中央区銀座4－5－1

教文館出版部 行

◉裏面にご住所・ご氏名等ご記入の上ご投函いただければ、キリスト教書関連書籍等のご案内をさしあげます。なお、お預かりした個人情報は共同事業者である「(財)キリスト教文書センター」と共同で管理いたします。

●今回お買い上げいただいた本の書名をご記入下さい。

書名

●この本を何でお知りになりましたか

1．新聞広告（　　　）　2．雑誌広告（　　　）　3．書　評（　　　）
4．書店で見て　5．友人にすすめられて　6．その他

●ご購読ありがとうございます。
本書についてのご意見、ご感想、その他をお聞かせ下さい。
図書目録ご入用の場合はご請求下さい（要　不要）

教文館発行図書　購読申込書

下記の図書の購入を申し込みます

書　名	定価（税込）	申込部数
		部
		部
		部
		部
		部

- ●ご注文はなるべく書店をご指定下さい。必要事項をご記入のうえ、ご投函下さい。
- ●お近くに書店のない場合は小社指定の書店へお客様を紹介するか、小社から直送いたします。
- ●ハガキのこの面はそのまま取次・書店様への注文書として使用させていただきます。
- ●DM、Eメール等でのご案内を望まれない方は、右の四角にチェックを入れて下さい。□

ご氏名　　　歳	ご職業

（〒　　　　）
ご住所

電　話
●書店よりの連絡のため忘れず記載して下さい。

メールアドレス
（新刊のご案内をさしあげます）

書店様へお願い　上記のお客様のご注文によるものです。
着荷次第お客様宛にご連絡下さいますようお願いします。

ご指定書店名	取次・番線
住　所	

（ここは小社で記入します）

うに述べています。

普通は、教師によって記号が示されるから知識が伝わるのだと考えられており、その意味では現象的には記号→実在であるが、事柄の本質としては実在→記号でなければならないと考えられる。その逆ではない。したがって、記号の指示するところの実在について知識がないときには相手にとって記号は音にすぎず、何ら新しい知識を与えてはくれない。そのことは実在についての知識が記号の解釈を可能にするということである。学ぶ者はむしろそうした実在の知識から記号の方を解読しているのである。(9)

記号に対して実在(事物)が優先するのです。その意味でアウグスティヌスは、「記号によって学ばれるものは何一つない(10)」と語ります。すなわち、本質的に言うならば、「ことば」という記号によっては教えることはできないのです。それゆえ、「アウグスティヌスの教育理論からすれば、先生が生徒に教え込むといった注入型の教育論、いわゆるパイプライン・セオリィは成り立たない(11)」ことになります。

(3) 真の教師とは誰か

アウグスティヌスは、教師による「ことば」という手段による教育を否定しているのではありません。しかし上記の理由で、教師は実は何も教えていないと考えます。そして真の教師に関して、次のように語っています。

ところで今、私はお前に次のように勧告した。すなわち、われわれは、ことばに当然帰すべきもの以上のものを帰してはならないということだ。こうして、今や、われわれとしては、神の権威によって書かれた次のことがいかに真実であるかを、たんに信ずるだけではなく、また知解し始めている。すなわち、「われわれは地上において誰をもわれわれの教師と呼んではならない。なぜなら、すべてのものの教師はただひとり、天に在す者のみだから」（マタイによる福音書二三・八―一〇）ということを。(12)

アウグスティヌスは、真の教師は神のみだと考えました。『教師論』第一一章のタイトルは「ことばによって学ぶのではない。真理によって学ぶ。キリストこそ教師」です。(13)彼は言います。

しかし、われわれが理解しうるいっさいの事柄に関しては、外部で音声を響かせる者にたずねるのではなく、むしろ内部にあって精神そのものを支配する真理にたずねる。おそらく、ことばはこの真理にたずねるように勧めることであろう。そして教え給うのは、われわれが指導を仰ぐあのかた、すなわちキリストなのであって、彼は人間の内面に住み給うもの、変わることなき神の力、また永遠の知恵であり給うかたなのだ。(14)

アウグスティヌスは学習の本質を、真理の光に照らされて、真理を発見することだと理解します。その真理を照らす真の光が、神でありキリストなのです。それゆえ、神こそが真の教師だと言わなければなりません。アウグスティヌスは言います。「私は相手が真理を見ている場合でも、真理を語ることによって彼を教えるのではない。なぜなら、彼は私のことばによって教えられるのではなく、むしろ神が彼の内面にそれを示し給うことによって教えられるからである[15]」。

『教師論』一一章三六節で、アウグスティヌスは、「ことばが発音されるときに、われわれはそれが何を表示するかを知っているか、それとも知らないかのいずれかである」として、事物についての知識がある場合とない場合に区別しました。知識がある場合は、ことばを聞いて事物を想起できます。それは新しい知識ではありません。しかし知識がない場合は、「発見」という精神の働きが必要なのです。そしてそれは、真理自身の光に照らされなければ起こりません。「真理からの照明によって『精神に閃き』が起こるということ」です。「内なる教師から学ぶ」ということです。茂泉氏は、ここにアウグスティヌスの中心的教育論があるとしています[16]。

(4) 教師の役割とは何か

こうしてアウグスティヌスは、真の教師は神、キリストのみだと語りました。では、実際の教師の役割はどこにあるのでしょうか。この『教師論』は、アウグスティヌスと息子アデオダトゥスとの対話です。その対話の中で、アデオダトゥスは自分で真理を見出し、認識していきます。しかしアウグスティヌスとの対話がなければ、つまり彼一人だけであったならば、それは不可能であったでしょう。

ここに教師の役割が示されていると言えます。つまり、教師の役割は、質問をもって生徒を刺激する点にあるのです。彼は言っています。

何かを問われたとき、彼は〔はじめは〕それを否定するが、さらに他の質問を重ねることによってそれを承認するように導かれるということがたびたびおこるが、その理由は、彼がその問題全体についてあの光と相談することができないという識別力の弱さによっておこるのである。それによって全体が成り立っているところのそれらの部分部分について質問される場合、その全体を一度に認識することはできないが、彼はその部分部分を理解してゆくようにうながされるのである。その場合、彼が質問者の言葉によってそこへ導かれるとしても、依然、彼は言葉によって教えられるのではない。それは、質問された人がその能力に応じて、〔彼自身が自ら〕内から学ぶように、彼に提出された質問によってなのである。(17)

アデオダトゥスは、全体を見ることができませんでした。限られた部分にしか光をあてることができなかったのです。しかし教師の質問によって、それに答えようとする中で、光があてられる照明の範囲が広がっていったのです。このような刺激となる質問をすることが教師の役割なのです。その際に教師は、相手の能力に応じて質問することが大切です。茂泉氏は、『告白』を引用しつつ、「学ぶ者は教師の言葉を耳にして刺激を受けたとき、その言葉の刺激を取捨選択して、自らの記憶の深層にしまわれている経験を寄せ集め概念化して知識にもたらす」と述べています。それゆえ「教師の言葉を理解することができるためには、学ぶ者自身の側の経験の蓄えが、その幅と深さにおいて先行していなければならない」のであり、「その経験的知識が広くかつ深ければ深いほど、教師の発する言葉（記号）の解読が容易になる」[18]のです。

それゆえ、教師は学ぶ者の側の経験の貯えがどの程度かを見抜かなければなりません。そして、「質問された人がその能力に応じて、彼自身自らが内から学ぶよう」な刺激となる質問をするように心がける必要があるのです。

この理解に立てば、教師も生徒も共に同一の真理の前に立っていることが分かります。教師が上に立って、真理を外から流し込むのではありません。両者は経験や知見においては差異がありますが、両者の区別は質的なものではないのです。カトリックの哲学者今道友信氏は述べています。

教育は教師のもつ従来の文化を絶対無二の解答として強制するものではない。万物が教師である、ということを思い返してみるならば、教育においては自らが戦闘の相手とするところの新しい野蛮のもつエネルギーの中に新しい文化の可能性を見てそこにも何かを学ばなければならない。己れのもつ権威は限られたものであり、創られた存在として見られる限りは、教える者も教わる者と同様に神の前には不完全で限定的な存在として平等であるという謙虚さをもたなくてはならない。このようにして教わる者も教える者も一人の導師なるキリストの前には平等の「教えられる者」であるという態度を教師は持たなくてはならない。その時、教育は戦闘であると同時に対話となりうるのである。教師は戦う者であると同時に対話する者となる。対話する者とは対話の相手から学ぶことのできる人である。[19]

以上が、アウグスティヌスの教育哲学の要約です。そしてこの内容は基本的に今日の教育、とりわけ神学教育に有効であると思います。教師の役割は、自らが真理を教えるのではなく、真理発見の真の手助けということでしょう。生徒が自らで真理の光を広げていけるように助けることです。能力に応じて、そのような刺激を与えることです。現実的な言い方をすれば、詰め込み教育をしても意味がないということです。また、結果の出ることを急いではならないということです。学習者が自らの知的能力をもって神学的思考を自主的に展開していくことができるように導くことが、神学教育にとって本質的に重要なのだと言えます。

3　カルヴァンのジュネーヴ・アカデミー——人文主義教育

⑴人文主義とは何か

キリスト教会は、教師を養成するために常に神学教育を行ってきました。しかし学校制度としての神学校（セミナリー）で神学教育を行うようになったのは、宗教改革の時だと言われています。古代においても学校がなかったわけではありませんが[20]、その教育内容については詳しくは知られておらず、今日の神学校のモデルではありません。また古代末期から中世にかけての神学教育は司教座聖堂と修道院で行われました。教会は次の世代に対して責任を持ちますが、その中核に次世代の働き人の養成がありました。司教にはその権能と責任が法的に委ねられており、司教のもとで司祭職の養成が行われたのです。つまり、神学教育はいわゆる通常の教導権のもとに営まれたのです[21]。これとは別に修道院でも教職養成教育が行われていました。また中世における大学でも神学は教えられましたが、それは教職養成機関ではありませんでした。

キリスト教は聖書に基づく宗教ですので言葉を大事にします。中世においてもそうでした。しかし中世において尊いとされたのはラテン語でした。なぜラテン語が尊いかと言えば、ラテン語が教会の言葉であったからです。当時のカトリック教会においては、原典よりも教会で公認されたラテン語訳聖書の方が、権威がありました。教会が尊いとしていたからラテン語が尊かったのであり、言葉そのものへの関心が高かった訳ではありません。

このように中世においては、言葉よりも観念が重んじられていた傾向があります。「中世では観念が先に行き、言葉はその後に従わせられる。言葉は言葉本来の意味から引き離されたり、言葉自体の法則を曲げて用いられたりする[22]」ことがありました。これに対して、言葉そのものを尊び、言葉を愛する学問として登場したのが人文主義です。

人文主義の定義には固定したものはありません。研究者によって様々な意味に用いられる傾向があります。しかしその学問研究の方法論は共通していました。それは古典を言語学的・文献学的に研究したことです。人文主義者はいずれもギリシア・ラテンの古典原典を研究し、言葉本来の意味を文脈の中で読み取ろうとしました。この方法論は人文主義者に共通しています。観念が先行し言葉がそれに従わせられる傾向のあった中世とは違い、言葉の本来の意味を読み取ることに重点が置かれました。言葉の性質に従い、言葉のルールに従って本来の意味を読み取ろうとしたのです。それゆえ人文主義者は、聖書もこの方法で読み解釈しました。それによって聖書が語っているメッセージが明らかにされ、当時の教会の教えとの違いが明らかにされました。それゆえ多くの人文主義者たちは教会を批判し、教会改革を訴えたのです。

しかし人文主義は学問研究の単なる方法論ではありませんでした。言葉を大事にすることは、言葉を用いる人間を大事にすることと結びついていました。古典の優れた文章を読み学ぶことによって、自分も良い文章が書けるようになることを目指す。つまり文章を磨くことによって人間を磨くことが目指されたのです[23]。

人文主義には、単なる学問研究の方法を越えて、よりよい人間性を目指すという思想がありました。たとえば、一六世紀フランス史の研究者であるH・オゼールとA・ルノーデは次のような言葉で人文主義（ユマニスム）を定義しています。

ユマニスムとは本質的に「より人間的文芸」の概念である。すなわち古代文芸の研究が人間性をより文明化し、より高貴により幸福にし、人間が自由にふるまっていたこれら輝かしい町々でかくあったような人間性に、より似たものとすることを断然確信するものである（H・オゼール）。

ユマニスムは知的、道徳的改革の企てであり、一つの定式にまとめることができる。すなわち、より高い型の人間性をつくること、これである（A・ルノーデ）[24]。

また、日本における代表的人文主義者渡辺一夫氏は、硬直していく文化・思想・制度に対して「人間が作ったもの、現に自分が使っているものの機械や奴隷にならぬように、歪んだものを恒常な姿に戻すために、常に自由検討の精神を働かせて、根本の精神をたずね続けること[25]」に人文主義の本質を求めています。

古典の研究を通して、よりよい人間性を求めること。それが人文主義者の求めていたものです。しかしこの「よりよい人間性」の内容理解によって、人文主義者のキリスト教に対する態度は分かれていきました。フランソワ・ラブレー（François Rablais, 1483?-1553）のようにキリスト教を否定する立場に至る人文主義者も生まれました。一方、古典研究によってキリスト教を改良しようとしたキリスト教人文主義者と呼ばれる立場もあります。その立場の代表はデシデリウス・エラスムス（Desiderius Erasmus, 1469?-1536）です。さらに、人文主義者から宗教改革者になった人たちがいました。改革派の宗教改革の指導者はすべて人文主義の出身でした。カルヴァンもそうです。そしてそのカルヴァンが設立した学校がジュネーヴ・アカデミーでした。そしてこのジュネーヴ・アカデミーこそが、学校制度としての神学校のモデルとなるのです。

(2) ジュネーヴ・アカデミーの設立

ジュネーヴ・アカデミーとは、カルヴァンの教育理念に基づいて一五五九年に開校した教育機関です[26]。カルヴァン研究者フランソワ・ヴァンデルは「この教育機関はユマニスト的原理に基づいていた[27]」と述べています。人文主義者としての教育を受けたカルヴァンは、自らのユマニスムをこのアカデミーで実践したのです。

言葉を大事にした人文主義は、教育を大事にする思想でもありました。それゆえカルヴァンも、教会形成にあたって教育改革を極めて重視しました。一五四一年にジュネーヴに戻ったカルヴァンは、即座に「教会規則」の作成に取り組みますが、その中で彼は「教師」の欄を設けて次のように記しています。

教役者にもっとも近く、教会統治にもっとも密接に結びついている地位は、神学を講義することである。これは新旧約聖書についてなされる。しかしこのような授業を受けるためにはまず、諸国語と人文学が教えられることが必須であり、教会が子どもたちのいないところとならぬよう、将来のために種子をまくことが必要であるから、子どもたちの教育のために「学寮」を建て、牧師職と市政府のための人材を育てるようにしなければならない……。[28]

このような教育理念をもって学校改革を目指しましたが、実際に「学寮」ができるまでには二〇年近い年月が必要でした。

ジュネーヴ・アカデミーのモデルになったのがストラスブールで一五三三年に開設された神学校です。一五三七年に人文学者ヨハン・シュトゥルムが教授に招かれました。ここでは初等教育を終えた者の入る九年間のギムナジウムと、その上に六箇年のアカデミーが置かれました。

一五五八年にジュネーヴ・アカデミーの建設予定地がようやく決まりますが、まだ教授陣が整っていませんでした。そんなとき、ローザンヌ・アカデミーの教授たちが、教会の自律性と教会訓練をめぐって市当局と対立し、ベルン政府によって追放されジュネーヴに移ってくることになりました。それによって一時に豊富な人材を得ることができました。その中には有名な人文主義者であったテオドール・ド・ベーズ（Théodore de Bèze, 1519-1605）が含まれており、彼が後にアカデミーの総長になります。また、ピエール・ヴィレが神学教授、フランソワ・ベローがギリシア語教授、ジャン・タガールは哲学と数学の教授、アントワヌ・シュバリエはヘブライ語教授となりました。

一五五九年六月一五日、アカデミーの開校式が行われました。テオドール・ド・ベーズが総長に選出され、就任宣言の後に勧告演説をしました。その中で彼はこう語っています。

あなたがたがここに集っているのは、かつてギリシヤ人がその集会でしばしばそうであったように、何か壮大な遊戯や慰みごと、時間つぶしの運動競技の見物人としてではないはずであります。そうではなくて、真の宗教とあらゆる学芸の習得によって大きな益を受け、それによって神の栄光を推し進め、あなたがたの町と、すべてあなたがたに属するものとに、益と誉れとをもたらすためであります。あなたがたがわたしたちの最高司令官で主君であられる方の前で、この時代について報告しなければならないことを、神は常に覚えておられるのであります。神はこの聖なる学校であなたがたを教化するため、その一員となる栄誉を与えられたのであります。(29)

ベーズは学生の目的が「真の宗教とあらゆる学芸の習得」によって神の栄光を表すことにあることを明らかにしています。アカデミーではそのための教育がなされました。「真の宗教」すなわち福音信仰と、「あらゆる学芸」の習得は矛盾せず、むしろ調和するのです。カルヴァンが一五四一年版の「教会規則」の中で、聖書の授業を受けるためには「諸国語と人文学が教えられていることが必須」としていたことにもそれは表れています。カルヴァンは明らかに、学芸、とりわけ古典文学研究と福音信仰の調和を信じていました。そしてそれは彼だけでなく、人文主義出身の宗教改革者に共通していたことでした。

(3)ジュネーヴ・アカデミーの教育

次に具体的なジュネーヴ・アカデミーのカリキュラムを見ておきます。この教育機関は二つの課程から成り立っていました。第一課程がスコラ・プリヴァータ（コレージュ）で、これは初等教育を終えたジュネーヴの青年全体を対象としていました。ジュネーヴ学院規程による各学級の細則を要約すると以下のようになります。(30)

第七級　ラテン語とフランス語対照のアルファベットでラテン語の字体・シラブル（音節）を学び、またラテン語の発音も学ぶ。

第六級　ラテン語の文法及び羅仏対訳の主の祈りを学び、またラテン語のやさしい文例及び会話を学ぶ。

第五級　文章論の基礎に入り、ヴェルギリウスの「田園歌」を文章の模範として学ぶ。作文が始まる。

第四級　ラテン語文書論の仕上げ。キケロの文章を模範として作文をする。オヴィディウス他のラテン語人たちの作品を読みシラブルなどの規則を学ぶ。ギリシア語が始まる。

第三級　ギリシア語文法が教えられ、生徒はラテン語・ギリシア語とも規則をマスターし、文体を使いこなせるようになる。キケロの散文、ヴェルギリウスの詩、カエサルの『ガリヤ戦記』などが読まれる。

第二級　ティトゥス・リヴィウスやクセノフォン等を使って歴史を学び、ホメロスやキケロのものによって弁論術を学ぶ。ルカによる福音書をギリシア語で読む。

第一級　論証法初歩、範疇論、概念論、反証論を学び、修辞学を始める。キケロ、デモステネス等によってさまざまの規則を学び、生徒自身が文体の訓練をする。使徒言行録をギリシア語で読む。

このスコラ・プリヴァータを修了した者のうち、牧師になる召命を与えられた者がスコラ・プブリカに進学しました。ここにはジュネーヴ以外のあらゆるキリスト教国から学生が集っていました。スコラ・プブリカのカリキュラムについて、「ジュネーヴ学院規程」は次のように定めています。

ヘブル語の教授は朝の説教の直後に、旧約聖書のいずれかの書を、ユダヤ人の注釈を加えて講解する。昼食ののちにはヘブル語の文法を講ずる。冬期には正午から一時まで、夏期には一時から二時までとする。

ギリシア語教授はヘブル語の講義の後で出講し、道徳に関する哲学書をどれか講解する。教材はアリストテレス、プラトン、プルタルコス、または何かキリスト教哲学者のものとする。昼食ののち、（冬期には一時から二時まで。夏期には三時から四時まで）ギリシアの詩人、演説家、または歴史家の書物を、あれこれ講読する。いずれの場合も、優れたものを選ばなければならない。

一般教育の教授は、ギリシア語の授業の後に出講する。半時間のあいだ物理学を講義する。昼食ののち（冬期には三時から四時まで、夏期には四時から五時まで）、アリストテレスの修辞学、キケロの有名な演説、または雄弁家の生涯などを、学者らしく講義しなければならない。

二人の神学教授は、毎週月曜日、火曜日、木曜日に、午後の三時まで、二時間にわたって聖書各巻を講解することとする。(31)

以上がスコラ・プブリカ、すなわち神学校のカリキュラムです。学生はヘブル語と旧約聖書を学ぶ一方で、プラトン、アリストテレス、キケロ等によってギリシア語とラテン語を仕上げ、哲学と文学を研究することが求められました。また、古典語や一般教養の授業もなされました。さらに神学講義は、教授が聖書を実際に読み解いてみせる授業でした。こうして、聖書テキストを読み解く力を付けさせようとしたのです。

(4)ジュネーヴ・アカデミーの今日的意義

最後に、ジュネーヴ・アカデミー、とりわけ神学校であるスコラ・プブリカの特徴を挙げ、今日的意義を考えておきたいと思います。

第一にスコラ・プブリカはあくまで、教会形成に仕える牧師養成を目指していたことです。その学的レベルは非常に高いものであったと言われますが、知識のための知識追求ではありませんでした。そのことは、神学校入学者に課された信仰告白文からも明らかです。告白文の冒頭にはこうあります。

わたしはこの教会の教理問答に含まれる信仰箇条を信奉し、また当地に施行されている教会訓練に服従することを誓う。わたしは、神にそのみ言に従って当地に与えられた平和と一致を攪乱するごときいかなる分派にも加担、同調しない旨誓う。(32)

そして教理的内容について長文の信仰告白が求められました。彼らの学びは、決して知識のための知識取得ではなく、信仰告白によって規制されたものでした。神学校の目的はあくまで、信仰告白を土台とした神の教会のための働き人を養成する点にあったのです。

第二に、教育方法としては、体系的な知識を授けるよりも、聖書を読み取る力をつけさせることを重視したことです。卒業の認定は、聖書テキストを読み解く能力があるかどうかで判断されました。

第三に、授業以外の学びが重要であったことです。神学生たちは、毎週金曜日の午前中に行われていた牧師会に出席し、牧師の共同研究に加わっていました。牧師を中心とする共同研究に加わることによって学ぶことが多かったと思われます。つまりここでは、学問研究のみならず、教会的判断や教職者のあり方など実践的な学びの機会となっていたのです。先輩教職の実践を見習うことも大切な学びでした。

もう一つ、授業の学び以外で重要であったのは自習です。スコラ・プブリカのカリキュラムには、聖書と哲学と古典と自然学の授業しかありませんでした。組織神学、歴史神学、実践神学の授業は無いのです。これらのことが軽視されていたのではありません。これらは、自分で学ぶことが求められていたのです。書物によって自ら学ぶことができることも、牧師を志す者に不可欠のことでした。そのために、学校には図書館が設けられたのです。

そして第四の特徴は、古典研究を重視したことです。すでにスコラ・プリヴァータにおいて長年に渡ってギリシア・ラテンの古典を学んできたにもかかわらず、さらに神学校においても多くの時間が古典研究に割かれています。これほどまでに古典が重んじられている理由は何でしょうか。古典研究がただ単に神学教育への準備であるなら、おそらくスコラ・プリヴァータの教育で十分です。では、神学教育への準備を越えた積極的理由があったのでしょうか。

この点について渡辺信夫氏は「聖書釈義以外に、古典研究と文書修業による人間形成という理念があった[33]」と指摘しています。すなわち「『ことば』および文章、文学の訓練を通じて理性を開発し、理性によって自己を律する人間を形成しようとの狙い[34]」があったのです。言葉は人間に固有のものです。それゆえ、言葉を大切にすることと人間を大事にすることにはつながりがあります。そして言葉を大事にする姿勢は、人間の魂を重視する姿勢とも深く関わっているのです。

このように、カルヴァンにとって人文主義は単なる学問の手段ではありませんでした。彼は宗教改革者でありつつ「よりよい人間性」を追求していたのです。彼の人文主義は、宗教改革者としての人間形成や人間理解にも深く関わっていました。その意味でカルヴァンは宗教改革者でありつつなお人文主義者であり続けたと言えます。

ジュネーヴ・アカデミーは、改革派長老派の神学校の歴史的源泉でありモデルです。それゆえ、そこで重視されていた「人間形成」、とりわけ「言葉、文書修行による人間形成」をいかに実現するかは今日も重要な課題だと思います。牧師は言葉で神と人に仕えるのです。その意味でも、神学教育におけるこの「人間形成」の面がますます重要ではないかと感じています。

4 トマス・チャーマーズのニュー・カレッジ――長老主義神学校

(1)トマス・チャーマーズと大分裂

長老教会の歴史の中で大きな影響力を持った代表的神学校は、いずれも一九世紀に設立されたアメリカのプリンストン神学校とスコットランドのニュー・カレッジだと言えます。ここではニュー・カレッジについて紹介しておきたいと思います。

ニュー・カレッジの初代学長はトマス・チャーマーズ(Thomas Chalmers, 1780-1847)です。彼の教育理念がニュー・カレッジの理念になっていると言えます。*Dictionary of Scottish Church History and Theology* によると、チャーマーズは「説教者、神学者、教会指導者、社会改良家」であり、「スコットランドの最も偉大な一九世紀の教会人」として紹介されています。[35] 彼は一七八〇年にファイフのアンストラザー(Anstruther)に生まれ、セント・アンドルーズ大学で教育を受けました。一八〇三年にファイフのキルメニー(Kilmany)の牧師になり、一八一五年までそこで働きました。一八一五年にグラスゴーのトロン教会の牧師になり、四年後に近隣のセント・ジョン教区に転任しました。その教区で彼は、宗教的社会的問題に対する彼独自のアプローチをする自由を与えられました。一八二三年にセント・アンドルーズ大学の道徳哲学の教授に指名され、さらに一八二八年にエディンバラ大学神学教授に任命されました。チャーマーズは徐々に、福音主義派のリーダーとしての頭角を表していきました。

一八世紀の後半からスコットランド教会では、穏健派（Moderates）と福音主義派が対立していました。穏健派とはスコットランド啓蒙と連結し、厳格な長老主義とは距離を置く人たちです[36]。そして穏健派は、聖職禄授与権（牧師推薦権、パトロン権）を擁護したため、招聘制度を支持していた福音主義派と厳しく対立しました。この対立が本格化したのが一〇年抗争（Ten Year's Conflict）です[37]。福音主義派にとって、聖職禄授与権は教会の霊的自律、信仰上の独立を侵すもので、認めることはできませんでした。しかし、世俗の裁判所は、教会が信仰上の事柄について独立した管轄権を持つことを認めませんでした。一八四二年に、教会総会は聖職禄授与権制度の廃止を請願し、さらに「権利の主張」（the Claim of Right）を発表して、その中で教会の信仰上の独立についての明確な認識を政府に要求しました。しかし時の首相ピールはエラストス主義者で聞く耳を持っていませんでした。政府と裁判所の判断は、福音主義派の牧師たちを、教会の信仰上の独立に対する侵害がさらに深まったとの確信に導きました。そこで、教会の信仰上の独立の原理を擁護するために、国教会を去ることにしたのです。

一八四三年五月一八日、スコットランド教会大会において、引退議長のデイヴィッド・ウェルシュ（David Welsh, 1793-1845）が、通常の議事を中断して、国家によって教会に強要された事柄に対する長々とした抗議文を読み上げました。そして彼は退場し、彼と見解を共にした、数百人の牧師と長老たちが彼に従ったのです。彼らは自由なるスコットランド教会（The Church of Scotland-Free, 後にThe Free Church of Scotlandとなる）を結成したのです。およそ一二〇〇名の牧師のうち、約四五〇名がこれに加わりました。彼らは、教会堂、牧師館、畑地、牧師給、さらに社会的身分を捨てるという大きな犠牲を払ってこれに加わりました。教会の信仰上の独立は、教会にとって生命的なものであり、そのためにはどんな犠牲をも厭わないという崇高な精神があったのです。この大分裂の指導者が、トマス・チャーマーズでありました。彼は国教会主義者でしたが、教会の霊的自律が犯されることは妥協できないことであり、それゆえ自由教会の設立に踏み切ったのです。

(2) ニュー・カレッジの設立とその教育

一八四三年五月二〇日、新しく設立された自由教会総会は、エディンバラ大学の前教会史教授デイヴィッド・ウェルシュを招集者とする教育委員会を指名しました。[38] この委員会はわずか五日後の五月二五日に最初のレポートを総会に提出しました。このレポートは二つの部分から成っています。第一が「絶対に必要」な事柄。第二が「ぜひ実行したい」事柄です。第一の部分で、委員会はすぐにエディンバラにカレッジを設立することを要求しました。そのカレッジが、自由教会に参加した神学部学生の訓練を継続し、また自由教会のミニストリーを目指す新しい学生を教育するのです。カレッジの最低限の必要として、四人の神学教授の指名、レクチャー・ホールの獲得、図書館の設立が挙げられました。その年の一一月初頭の開始を目指すべきとされていました。

第二の部分は、自由教会の発展のために教育のナショナル・システムを作ることの要求でした。経済力に関わらず、個々人の可能性が伸ばされるように教育が施されるべきだとされていました。

教会総会の承認を得て、教育委員会はすぐに、エディンバラに神学カレッジの基礎をすえるという作業に従事しました。夏の間に四人の教授が任命されました。その内の二人は、自由教会に加わったエディンバラ大学の神学教授で、一人がトマス・チャーマーズ、もう一人がデイヴィッド・ウェルシュです。チャーマーズが学長兼シニア神学教授に任命され、ウェルシュが教会史の教授に任命されました。さらに、ヘブライ語と旧約聖書の講座のために、委員会はジョン・ダンカン（John Duncan, 1796-1870）を選びました。彼は著名な古代とセム語の学者で、スコットランド教会のブタペストでのユダヤ人伝道に仕えてきた人でした。そしもう一人が、ウィリアム・カニンガム（William Cunningham, 1805-61）です。彼がジュニア神学教授になりました。後に二代目の学長になります。

教育委員会は、エディンバラのニュー・タウンのジョージ・ストリート八〇（番地）の部屋を購入し、そこに献金と献本によって図書館を作りました。カレッジは一八四三年一一月に最初のセッションを開始しました。学生は一六八名で、約一〇〇名は大分裂の前に神学の学びを始めていた学生でした。デイヴィッド・ウェルシュがカレッジの初期の発展に指導的役割を果たしましたが、重い病を負っており、過労によって急速に弱まっていきました。

初期のニュー・カレッジの特徴を何点か挙げることができます。

第一は、牧師養成のための最善のカリキュラムを目指したことです。四年間のコースで、深遠な神学的知識を獲得できるように工夫されました。大分裂の前のエディンバラ大学神学部は、三つの講座のみでした。それは神学、ヘブライ語、教会史です。ニュー・カレッジは五つの講座を作りました。それは組織神学、弁証学と実践神学、教会史、ヘブライ語と旧約聖書、新約聖書釈義です。また、エディンバラ大学では、四年間で一シリーズの講義でしたが、ニュー・カレッジではそれぞれの科目を、ジュニアとシニアに分け、相応しい順序で学べるようにしました。また、エディンバラ大学では語学は教えられていても釈義の授業は不十分でした。そこでニュー・カレッジでは聖書釈義の授業に力を入れたのです。チャーマーズが長年主張してきたのは、ラテン語、ギリシア語、ヘブライ語の基礎知識なしに、神学の学びは許されるべきではないということでした。そこで彼は、これらの言語を学ぶために、地方の主要な都市にドイツスタイルのギムナジウムを導入すべきだと主張したのです。ギリシア語とヘブライ語のしっかりとした基礎をもってカレッジに入ることによって、学生はすぐに原語で聖書の高等な釈義に進むことができるからです。チャーマーズは、このことがニュー・カレッジの学生を、大陸の聖書学から伝統的神学に与えられているチャレンジに効果的に応えるよう準備させると考えていたのです(39)。

第二の特徴は、教養科目の教育を提供したことです。ニュー・カレッジは三つの科目の教授を指名しています。それは、道徳哲学、論理学、自然科学です。とりわけ自然科学は、神学的カリキュラムの一部と見なされました。これは、イギリスの宗教思想になお強かった自然神学の伝統を反映しています。自然神学は、自然の領域の中に善き創造者としての証拠を調べ、聖書的啓示を補おうとするものでした。チャーマーズ自身も、指導的な自然神学者でありました。また、道徳哲学と論理学の講座は、大陸の哲学に反対してスコットランド常識哲学の主張を擁護するものでした。これら三つの教養科目の他に、ラテン語、ギリシア語、数学の講座を設立する計画がありました(40)。

第三の特徴は、ニュー・カレッジは競争的な雰囲気によって学問の高い標準を促していたことです。一八四五年に競争的な奨学金のシステムが導入されました。過去においては、奨学金は、学生の経済的必要に基づいて与えられるか、あるいは、寄贈者の恣意的な基準によって与えられていました。しかしニュー・カレッジでは、競争試験が行われ、その成績の報いとして与えられたのです。約一〇〇名の学生が一〇月の終わりに試験を受けました(41)。この競争試験の仕方は、オックスフォードやケンブリッジ大学のカレッジの仕方を真似たものです。

第四の特徴は、社会のすべての人に仕える牧師を養成しようとしたことです。一八四六年六月三日に、神学校の新しい校舎の定礎式が持たれましたが、チャーマーズはニュー・カレッジのミッションを明確にするそのスピーチの中で、国家的責任を強調しました。特に、貧しい人たちの状態を向上させるために働く義務を強調したのです。この頃、自由教会は社会に存在するヒエラルキーを破壊することを目的とする政治運動体として非難されることがありました。そのために、自由教会に敷地を提供することを拒む地主もいました。そうした中でチャーマーズは、ニュー・カレッジの目的が社会紛争を広めることであることを否定しつつ、一方、ニュー・カレッジは強い社会的コミットメントを持つべきだと主張したのです。つまり、教育を受けた階級の中で信仰を弁護するだけでなく、社会における貧しい人たち、周辺的な人たちの中でミッションを行える人材を育てようとしたのです(42)。

チャーマーズは、ニュー・カレッジはエリート主義の学院にはしないことを明確にしました。むしろ、学院の主要な目的は、福音の力を通して、社会のすべての人々に接触する牧師を養成することでした。チャーマーズはスピーチの中で言っています。

私たちの授業に参加する若者は、非常に真剣にまた強調して言われるであろう。キリスト教の牧師はいかなる階級の人でもない、と。なぜなら彼はすべての階級の人であるから。また、彼は王子や貴族と交わるためにふさわしい人とする教育を受けるべきであるが、貧しい人のつつましい小さな家のしばしばの訪問者となることや、貧しい人の死の床で祈ることが、彼の特別な栄光である、と。王には王権を保たせ、貴族には小冠を持たせよう。しかし、私たちが求めるのは、すべての人々のために、最低水準をより引き上げることである(43)。

トマス・チャーマーズの生涯の関心は、宗教の再生と社会の改革にありました。彼にとって、この両者は深く結びついていたのです。それゆえ、牧師もまたそれに関わるものと見なされていたのです(44)。

(3) ニュー・カレッジの今日的意義

以上の設立の経緯と特徴を踏まえて、ニュー・カレッジの今日的意義として二つのことを挙げることができます。

第一は、ニュー・カレッジは単に、自分たちの教会のために、学識ある牧師を教育するという内向きな学校ではなかったということです。確かに、牧師の養成を第一に考え、そのための最善の教育を施す工夫がなされました。また、高い学問水準を維持しようとしました。しかし、その視野は常に社会に向けられており、スコットランドの人々の宗教的・道徳的状態を向上させ、新しい宗教改革によって国家を導くようなリーダーを育てることを目指していたのです。とりわけ、深刻な社会問題であった貧困問題に取り組める牧師を養成することを目指していたと言えます。

私たちも牧師の養成にあたって、今日の社会問題を見据えた教育を行う必要があるでしょう。単に教派教会のことだけでなく、今の時代に必要な教職者の養成が求められているのです。

第二に、自由教会はその設立の経緯からも明らかなように、国家が宗教や国民の内心を支配することを許さないという確信を持っていました。ニュー・カレッジは、数世紀にわたり王とジェントリーと貴族が、国家の宗教的・知的生活を支配することができるようにしていた聖職禄授与権制度と特権のシステムに反対したため、「良心のとりで」と見なされたのです。神学校が、国家権力の介入を退ける、「良心のとりで」として人々から見られていたことは重要なことです。神学校は、社会において「良心のとりで」となる使命があるのです。

5　現代の諸課題

以上、改革派教会のルーツに関わる、アウグスティヌス、カルヴァン、トマス・チャーマーズの教育思想を見てきました。最後に、それらを踏まえたうえで、現代の神学校が抱えている諸課題を考えてみたいと思います。

(1)アリスター・E・マクグラス『宗教教育を語る――イギリスの神学校はいま』[45]

最初に取り上げるのはイングランド国教会の神学者アリスター・E・マクグラスです。イングランド教会の代表的な福音主義神学者であり、今、世界で最も注目されている神学者の一人とも言えます。このマクグラスが二〇〇八年に来日した際に行われた講演の一つが『宗教教育を語る――イギリスの神学校は今』です。彼はこれまで、オックスフォード大学歴史神学教授として学部生や大学院生を教えた経験、オックスフォード大学ウィクリフ・ホール、すなわち神学校で教えた経験、さらにはカナダのバンクーバーにある一般キリスト教信徒を教育するリージェント・カレッジで教えた経験がありますそれらの経験を生かして、今日の神学教育に何が求められているかを語っているのがこの講演です。

講演の趣旨に関して、前書きの中でマクグラスはこう語っています。

神学に関して、わたしは特に、キリスト教の思想に学術的に精通するということを超えて、スピリチュアリティーを含めて考えるということの重要性を指摘しています。神学は大変容易に神学者たちに関する研究になってしまうことがあります。しかし神学に固有の主題は神の研究であり、それが新たな力とコミットメントを信仰の研究に与えてくれるのです。[46]

この言葉に、彼の主張が要約されていると言えます。つまり、神学に関して今必要なのは「スピリチュアリティーを含めて考える」ということです。マクグラスは、今日の神学および神学者の傾向として二つのことを指摘しています。

第一は、神学の専門化です。神学者たちは「ますます専門化し、学問的な神学部門のうちに籠る」[47]ようになっています。それゆえ、神学教育が急速に専門化し特殊化している、と指摘しています。「神学研究は、ばらばらの情報の塊に精通すること以上のもの[48]」ではなくなってしまったのです。

その結果、第二の傾向として、神学および神学者は信仰共同体から乖離することになりました。マクグラスは次のように語っています。

近年になっても、神学者たちは再び、自分たちが仕えようとしている共同体から急速に孤立するようになりました。かれらはますます専門化し、学問的な神学部門のうちに籠り、弱体化し、象牙の塔に住んでいると非難されるようになりました。専門化は、信仰共同体から神学者たちを除去し、かれらを大学という狭い境界の中に位置づけることになりました。それは、同様の専門化が牧師たちを神学から孤立させ、神学と教会を強引に引き離してきたことと同じです。世俗化が個人の信仰と学問的な生活の間を引き裂くようになりました。すなわち専門の学術的神学者たちは教会の信仰や生活へのいかなる関わりもまったく必要としないのです[49]。

神学も神学者も、信仰共同体である教会に仕えるべきものです。しかし、神学の専門化によってそうでなくなっているという現状があるのです。

マクグラスは、大学で神学を教える経験と、神学校で神学を教える経験の両方の経験を持っています。学問的な面では遜色なかったのですが、二つの面で顕著な違いがあったと指摘しています。彼はまず「動機」について、こう語っています。

動機については、ウィクリフ・ホールの学生は、どちらかといえば、神学を、教会で神に仕えるために身に付けるべきものの本質的な部分とみなしていました。一方、大学の学部生は、神学を、興味深い学科目であると認めたとしても、単純に一つの学科目としてオックスフォード大学で提供されている多くの科目の一つと考えています。聖職志願者にとって神学はまったく異なるものでした。神学はかれらに、将来牧師また説教者として生きていく枠組みを与えるものです。神学生は、神学が倫理や霊性や弁証学の事柄にどのように関係するかを理解しながら、神学の直接的有用性を知りたいと願っています。神学は、学術的な科目であるとともに実践的な科目なのです。(50)

神学を学ぶ動機が、大学の学部生と神学生では全く違ったという指摘です。神学生にとって神学は「教会で神に仕えるために身に付けるべきものの本質的な部分」でした。しかし、大学の学部生にとっては興味深い科目の域を出ることはなかったのです。

第二に献身について、マクグラスはこう述べています。

第二の主要な違いは献身に関わります。オックスフォード大学の学生を教える際には、個人的な信仰や献身という問題は一般的に言って課題外と考えられています。学生や教師がクリスチャンとして信仰に生きているかどうかということが問題になることはありません。……しかし神学生の場合、課題は非常に異なっています。学生と教師双方の個人的な献身が重要になります。学生は、指針となるものを探し求めて偉大な神学的課題を考察し、自分自身の個人的な立場を明らかにし、神学を牧会の事柄に適用しようとします。かれらは、自分たちの教師が信頼に価することを知りたがっています。それ以上に、教師が、単に大学教師という職業上の選択肢としてではなく、教会の僕として神学のヴィジョンに献身していることを確信したいと願っています。わたしは、神学生がかれらの教師についてする主な問いが、「この教師はカール・バルトについて知っているか」ではなく、「この教師は牧会に対する良い模範となる人物であるか」ということであることがいかに多いかに注目してきました。(51)

神学を学ぶ上での「動機」と「献身」が、大学と顕著に異なるということは、逆に言えば、その違いが曖昧になれば、神学校として本来の務めが崩れてきているということです。マクグラスは、神学の専門化・特殊化によって、そういう傾向が神学校に及んでいることを懸念しているのです。彼の確信は、神学研究は本来、「あなたの生を形成し、あなたに生きる理由を与え、牧会の奉仕に方向づけを与える何かであるはず(52)」ということです。それゆえ彼は、神学教育の一側面として霊性の形成、スピリチュアリティーを含めて考えることの重要性を指摘しているのです。

マクグラスにとって神学校は、その性格上、霊性と結びついた神学研究をする理想的な場なのです。彼は神学校の使命について、次のように語っています。

神学校には、「神を神たらしめ」、そのようにして神に応答する独特の機会があります。神学校は、この点でその独自性の感覚を再獲得し、神学校が神学を学ぶための二流の場所であるという時代遅れの不当な見方を取り除く必要があります。神学校は、魂を養う祈りの雰囲気や神への崇敬と牧会的な配慮のなかで、教会には語り行うべき独自のものがあるとの確信をもって世界に出て行くことを視野に入れて、神学が、献身者によって献身者に教えられる独特の環境なのです。

神学校には、学問世界の価値や姿勢を模倣するのではなく、キリスト教信仰の現代世界への知的・霊的・道徳的妥当性に対する静かな信頼を強化するという、アングリカン教会や他の教派の将来において果たすべき死活に関わる重大な役割があります。神学校は、信仰の認識的・経験的・人格的な要素が育成され刺激され維持されうる環境であることを評価し、召命と独自性の感覚を取り戻す必要があります[53]。

神学校が学問的な課題に中心を置きすぎたことに対して、もっと自信を持って、霊性の問題、人格的な育成に取り組むべきだとマクグラスは述べています。彼の言葉を使えば、神学研究は「単にテキストと格闘するのでもなければ概念と格闘するのでもなく、生ける神と格闘すること」[54]です。神学校は、生ける神との関係が問われ、深められるような神学研究がなされる場でなければならないのです。

興味深いことは、日本でも、全く異なる方面から、神学教育における霊性の問題の大切さを指摘する声が挙がっていることです。キリスト者の精神科医工藤信夫氏が、精神科医の視点からその必要を訴えておられます。工藤氏が書かれた『これからのキリスト教[55]』と言う書物の中に「これからの神学教育」という章があります。この本は、日本のプロテスタント教会の病んでいる部分を、精神科医の視点から指摘しているものですが、教会の牧師を養成するのが神学校である以上、その神学校が変わる必要があることを指摘しています。彼は、これからの神学教育として四つの点を指摘しています[56]。

第一は、「社会が教会に何を期待するのか」をよく考えるべきだということです。教会も神学校も、自己保存的、自己愛的過ぎるのではないか、ということです。

第二は、牧会者の人間的成長を視野に入れた教育が望ましいということです。

第三は、人間性の回復を目指すべきではないかということです。

第四は、教会は、そこに来た人がほっと一息つける場、そのような共同体であるべきではないかということです。

牧会者の人格的未成熟が、教会で多くの問題を引き起こしていることを痛感しておられる工藤氏は、その視点からの提言をしておられます。自分が問われなくてもできるような神学ではなく、神の前に自らが問われ、真の意味での人間の成熟が引き起こされるような神学教育が求められていると言われるのです。アプローチは異なりますが、工藤先生の視点は、マクグラスの主張とかなり共通しているように思います。

(2)日本カトリック神学院の養成理念と指針

最後に、カトリック教会は、今日どのような神学教育を目指しているかを見ておきたいと思います。

二〇〇九年四月に、東京と福岡にあった二つの神学院が一つになり、新たに日本カトリック神学院がスタートしました。それに伴って、日本カトリック司教団が「日本カトリック神学院の養成理念と指針[57]」を作成しています。この「養成理念と指針」に、今日の日本のカトリック教会が考えている聖職者養成の基本的考えが示されていると言えます。

この「養成理念と指針」は、大きく三部から成っています。第一部が「教会が求める司祭」で、「教皇ヨハネ・パウロ二世の使徒的勧告『現代の司祭養成』に提示されている人間的養成という土台の上に霊的養成、知的養成、宣教・司牧的養成が行われるように、まず教会が求める司祭像が再確認[58]」されています。第二部は「日本社会が求める司祭」で、現在の日本社会が求める司祭像を浮き彫りにし、そして第三部はそれを目指す養成課程を提示しています。

第一部の「教会が求める司祭[59]」は、さらに大きく三つに分かれています。第一が「神の招きにこたえる」、第二が「キリストの司祭となる」、第三が「司祭の役務に向けて」です。その中で、召命に忠実に生きることの大切さ、献身、キリストに学ぶこと、神の言葉に精通することなどの大切さが語られますが、強調点の一つは「共に生きる」ということです。この場合の「共に」は、「神の民とともに」、「司祭たちとともに」「すべての人とともに」に三つの意味をもっています。まず「神の民とともに」について、次のように述べられています。

司祭職への召命は神の民である教会の中で芽生え、はぐくまれ、教会に支えられて実を結ぶ。叙階式が神の民の見守る中で行われる理由も、そこにある。司祭はキリスト教会に奉仕し、教会とともに働くために叙階される。それゆえ、司祭は教会を愛する者であり、司教や司祭団との交わりを大切にして働き、また修道者や信徒とも協力して福音をのべ伝えながら教会を築いていく者である。
したがって、神学院が信仰に基づく神の民の交わりを体験する場となることは重要である。真に福音的な共同生活を送った者こそ教会を大切にし、将来、司教や司祭団、また修道者や信徒とともに神の福音を伝える者となれるからである。神学生は多くの恩人の支援に感謝しながら、養成者や召命の道を志す仲間とともに親密な共同生活を体験する。(60)

また「司祭団の一員となる」の欄には次のように記されています。

司祭たちは、司教を頭として、司教とともに司祭団を形成し、一致協力して司教を助ける。こうして司祭たちは兄弟として交わり、神の国の実現に向けて協働する。したがって神学生は、将来、司祭団の仲間として協力して働くことができるように、他の神学生とともに学び、生きることを大事にする。それは、チームワークの精神を学び、互いに知恵を出し合い、ともに汗を流して働く姿勢を身につけるためである。(61)

「共にいきる」者となるための訓練として、神学院での共同生活が位置づけられていることが分かります。共同生活そのものが、司祭養成の重要な訓練の意味を持っているのです。第一部の最後には、次のように記されています。

司祭は、よき牧者であるキリストのように自分のすべてを人々の救いのために与えながら、キリストの愛と力によって、また聖霊の助けのもとに、神の民を一致させ、自分にゆだねられた羊の群れを、父である神のもとに導く使命をもっている。

そのために神学生は、現代の社会の中で、悩み、苦しんでいる信者に気づき、キリストの温かさをもって、すべての人に接することができる成熟した人間性を身につける。また、神学院の規律を遵守し、種々の役割を果たしながら営む共同生活は重要である。このような生活環境の中で、神学生は互いに心を開いて語り、協力して働き、包容力のある柔軟さをはぐくみ、教会共同体を導くリーダーシップを身につける(62)。

第二部は「日本社会が求める司祭」です。この第二部前半のタイトルは「現代社会の福音化に挑戦する」で、ここではまず「新しい福音宣教」が謳われています。

従来の宣教は、キリストを知らない人々に福音を告げて回心へと導き、洗礼を授け、信仰教育を施すこととされていた。しかし、教会の福音をのべ伝える活動には、人間の判断基準、価値観、文化、生活様式を福音化することも含まれている。教会は人々を洗礼に導くだけではなく、社会を変容させていく使命をもっているのである。キリストの福音こそ、一人ひとりの人間をその罪から、また社会をその構造的な悪から解放する原動力である。神と教会に奉仕する司祭には、人間の個人的な次元だけでなく、社会の種々の分野に福音の価値観を浸透させ、社会の福音化に挑戦することが求められる。

したがって、現代の日本社会で生きる司祭を養成する神学院においては、養成者も、講師も、神学生も、日本社会における時のしるしに敏感でなければならない。今日の時のしるしは、いのちと人権の尊重、家庭、戦争と平和、科学技術の新しい可能性と倫理上の課題などに顕著に表れている。神学院で教える者も学ぶ者も、これらのしるしを福音の光に照らして判断し、そこに神からのメッセージを読み取って、社会に働きかけていく「生きた神学」を心がける。こうして将来の司祭は、信者一人ひとりが現代社会の中で果たすべき役割を担っていくよう、教え励ます者となる。(63)

社会を福音化していくという、新しい福音宣教の理念をカトリック教会は打ち出し、「教会は、それぞれの国や地域における社会の困難や諸問題に立ち向かう(64)」べきだとされ、司祭がその中心的担い手となることが期待されています。そのために、現代の司祭には次のような資質が求められるとされています。

第一が「対話と交わりの精神」です。教会の外部に対しても内部においても、現代の司祭にとって「とくに大切なことは、人々とかかわることのできる能力である」とされています。(65)

第二は「チームワークとリーダーシップ」です。現代の教会が、多様化するニーズへの対応力が求められている中、司祭たちは共同で働くことが迫られています。それゆえ「ともに祈り、対話し、助け合って活動する、すなわちチームで働ける司祭が今日ほど要求されている時代はない」とされています。[66]

第三は「多文化共生時代に」対応する能力。

そして第四が「歴史の中に神のメッセージを読み取る」力です。次のように記されています。

現代のキリスト者、とくに司祭には、歴史の中で行われてきた神の働きを見つめ、驚嘆し、また歴史そのものが、二一世紀の教会に投げかけているメッセージを読み取る感性が求められる。教会の歴史を見ると、人間の弱さによる闇の部分があることにも気づかされる。そのために司祭は、信仰の目で教会の歴史と向き合う必要がある。そして、預言者的な役割を果たせなかった教会の現実に対して、謙虚に反省の目を向ける勇気をもつようにする。なぜなら、そこから教会の真の刷新が生じてくるからである。

司祭職を志す者は、日本の教会の歴史を学び、そこに見いだされる神のメッセージや教会の課題を読み取り、現代の教会に生かしていくために必要な準備を怠ってはならない。[67]

以上、「日本カトリック神学院の養成理念と指針」に基づいて、現代カトリック教会の司祭養成の基本的考えを見てきました。もちろん、カトリック教会と改革派教会は、基本的神学が大きく異なりますが、それでも、この「養成理念と指針」から学ばなければならないことは少なくないように思います。

カトリック教会の姿勢は、端的に言えば、歴史に学び、現代社会を真正面から見据えて、そこでなすべき教会の役割を積極的に果たそうとするものです。そのために、相応しい司祭を養成しようとする。社会に働きかけていく「生きた神学」が必要だという確信です。

そしてそのために重視されるが、神学院における共同生活だと言います。現代の教会、現代の社会が求めている司祭を養成するためには、とりわけ共同生活による訓練が重要だとされているのです。

6　最後に

以上、アウグスティヌス、カルヴァン、トマス・チャーマーズの教育の取り組みを概観し、その上で、現代の諸課題を見てきました。最後に、今日必要とされる神学教育についてまとめておきたいと思います。

第一は、健全な教育哲学を持つことです。アウグスティヌスが語ったように、真の教師はキリストのみであることが忘れられてはなりません。その意味では、教師も学生も同一の神の前に、同一の真理の前に立つのです。それゆえ教師の役割とは、教師が学生の上に立って、真理を外から流し込むのではありません。教師の真の役割は、学生が自ら真理を発見していくことを助けることです。それによって初めて学生は、自ら神学を生かすことのできる牧師となるのです。

第二は、改革派長老派の神学教育の基本を継承することです。神学校は牧師養成のための最善のカリキュラムを持つ必要があります。また、人文主義の伝統を継承して、聖書の言語学的・文献学的研究を行う必要があります。そして何よりも、正しく深く御言葉を語り、教える牧師を育てる必要があります。

さらには、自習を重視することも大切です。教えてもらわなければ学べないのではなくて、自ら学べるようになることが重要なのです。

特に課題として残っているのは、神学以外の科目の教育です。ジュネーヴ・アカデミーは古典研究を重視しました。ニュー・カレッジも道徳哲学・論理学・自然科学の教育を重視しました。いずれも狭い意味での神学以外の学びを重視しました。とりわけ、カルヴァンは「言葉や文書修行による人間形成」を目指しました。このような人間形成につながるような学びをどう行うべきか、それは現代の神学校の大きな課題だと思います。

第三は、現代社会の課題に向き合うことです。特に二〇世紀半ば以降の神学の専門化によって、神学や神学校が信仰共同体と乖離し、時代と乖離する傾向が生まれました。そのギャップを埋める必要があります。学ぶ人自身が問われないような学びにならず、常に生ける神との関係が問われるような神学教育が必要なのです。

また社会の諸課題に向き合う牧師が求められています。とりわけ、我が国において、国家権力が再び教会の霊的自律を侵すようになる危険が高まっている時代の中で、時代と社会を的確に見抜く感性を養うような教育が必要なのだと思います。

私は、神学校教育には三つの柱が必要だと思っています。一つはすぐれた授業です。そして二番目は自習のための充実した図書館です。そして三番目が共同生活による訓練です。今日必要とされる牧師を養成するためには、この三つが有効に組み合って機能することが不可欠だと思います。私自身もそのために、微力ながらも励んで行きたいと願っています。

注

（1）本稿は二〇一三年四月五日に神戸改革派神学校で行われた教授就任記念講演兼第三学期開講講演に加筆修正したものである。
（2）茂泉昭男「アウグスティヌスの教育論」『教育思想史　第二巻　古代キリスト教の教育思想』上智大学中世思想研究所、一九八四年、二九九頁。また、Howard Grimes, "Augustine," in Elmer L. Towns, ed., *A History of Religious Educators*, Grand Rapids, Baker Book House, 1975, pp. 54-59 も参照。
（3）アウグスティヌス『アウグスティヌス教師論』（世界教育学選集）、石井次郎／三上茂訳、明治図書出版、一九八一年、一二三―一二四頁。
（4）同書、一二四頁。
（5）同書（四・九）、一一七頁。
（6）岩村清太『アウグスティヌスにおける教育』創文社、二〇〇一年、二〇〇頁。
（7）アウグスティヌス『アウグスティヌス教師論』（八・二二）、五七頁。
（8）同書（一一・三六）、七五―七六頁。
（9）茂泉昭男、前掲書、三〇三頁。
（10）アウグスティヌス『アウグスティヌス教師論』（一〇・三三）、七一頁。
（11）茂泉昭男『古代末期に生きた最初の現代人　アウグスティヌスに聴く』日本キリスト教団出版局、二〇一一年、三九頁。

(12)アウグスティヌス『アウグスティヌス教師論』(一四・四七)、八九頁。
(13)同書、七五頁。
(14)同書(一一・三八)、七七頁。
(15)同書(一二・四〇)、八一頁。また『告白』(一一・三・五)参照。
(16)茂泉昭男「古代末期に生きた最初の現代人」四五頁。
(17)アウグスティヌス「教師(二〇・四〇)」『アウグスティヌス著作集　第二巻』茂泉昭男訳、教文館、一九七九年、二六九頁。
(18)茂泉昭男「古代末期に生きた最初の現代人」四〇―四一頁。
(19)今道友信「アウグスティヌスの教師論」『教育思想史　第二巻　古代キリスト教の教育思想』上智大学中世思想研究所、一九八四年、三三八―三三九頁。
(20)パンタイノスの開いたアレクサンドリアのカテケーシス学校など。これは洗礼志願者を教育する人、カテキストを養成したと考えられる(渡辺信夫「神学教育の教理史」『教会の神学　第三号』日本基督教会神学校、一九九四年、一一―一二頁参照)。
(21)渡辺信夫、同書、一三頁。
(22)渡辺信夫「ジュネーブ学院におけるキリスト教と一般諸学」『関西学院大学総合コース　学問とキリスト教信仰――現代を拓く　A　近代の学問とキリスト教』未刊講演原稿、一九九四年、五頁。
(23)同書、一頁。
(24)久米あつみ『カルヴァン』講談社、一九八〇年、四四―四五頁。
(25)渡辺一夫「フランス・ルネサンスの人々」『渡辺一夫著作集　四』筑摩書房、一九七七年、一九九頁。
(26)ジュネーヴ・アカデミーについての論文としては、W. Stanford Reid, "Calvin and the Founding of the Academy of Geneva," in Richard C. Gamble, ed. *Articles on Calvin and Calvinism*, vol.3, New

York, Garland Publishing, 1992, pp. 237-269. を参照。

（27）François Wendel, *Calvin et L'humanisume*, Presse Universitaires de France, Paris, 1976, p.81.

（28）久米あつみ「（7）カルヴァン」『教育思想史第Ⅵ巻　ルネサンスの教育思想（下）』上智大学中世思想研究所、一九八六年、二〇八頁。

（29）カルヴァン「ジュネーヴ学院規程」『キリスト教教育宝典Ⅳ』出村彰訳、玉川大学出版部、一九六九年、五一六―五一七頁。

（30）カルヴァン、同書、四九三―四九六頁。久米あつみ「（7）カルヴァン」二一四―二一五頁及び、渡辺信夫『カルヴァンの教会論』改革社、一九七六年、二八八―二九〇頁も参照。

（31）カルヴァン「ジュネーヴ学院規程」四九九―五〇〇頁。

（32）同書、五〇一頁。

（33）渡辺信夫「ジュネーブ学院におけるキリスト教と一般諸学」一九頁。

（34）渡辺信夫『カルヴァンの教会論』二九一頁。

（35）*Dictionary of Scottish Chrch History and Theology*（以下 DSCHT と記す）, Nigel M. de S. Cameron, ed., Edinburgh, T&T Clark, 1993, p.158.

（36）穏健派については、拙著『信仰告白と教会――スコットランド教会史におけるウェストミンスター信仰告白』（新教出版社、二〇一二年）、五四―五七頁参照。

（37）一〇年抗争と大分裂については、同書、六二―六八頁参照。

（38）以下の記述は、Stewart J. Brown, "The Disruption and the Dream: The Making of New College 1843-1861," in David F. Wright and Gray D. Badcock, ed., *Disruption to Diversity: Edinburgh Divinity 1846-1996*, Edinburgh, T&T Clark, 1996, pp.33-42 を参照。

（39）Ibid., pp.37-38.

(40) Ibid., p.38.
(41) Ibid., p.39.
(42) Ibid., pp.40-41.
(43) Alexander (Sandy) Finlayson, *Unity and Diversity: The Founders of the Free Church of Scotland*, Christian Focus Publications, 2010, pp. 53-54.
(44) DSCHT, p.159.
(45) アリスター・E・マクグラス『宗教教育を語る――イギリスの神学校はいま』高橋義文訳、キリスト新聞社、二〇一〇年。
(46) 同書、五頁。
(47) 同書、六三頁。
(48) 同書、七九頁。
(49) 同書、六三頁。
(50) 同書、四一頁。
(51) 同書、四一―四三頁。
(52) 同書、七九頁。
(53) 同書、九一―九三頁。
(54) 同書、八一頁。
(55) 工藤信夫『これからのキリスト教――精神科医の視点』いのちのことば社、二〇〇五年。
(56) 同書、四八―四九頁。
(57) 日本カトリック司教協議会常任司教委員会企画編集『キリシタン時代の司祭像に学ぶ 付・日本カトリック神学院の養成理念と指針』二〇〇九年。

(58) 同書、二一〇頁。
(59) 同書、二一一—二一八頁。
(60) 同書、二二二—二二三頁。
(61) 同書、二二五頁。
(62) 同書、二二八頁。
(63) 同書、二二九—二三〇頁。
(64) 同書、二三四頁。
(65) 同書、二三四頁。
(66) 同書、二三五頁。
(67) 同書、二三七頁。

聖書からキリスト者と教会の政治的・社会的責任を考える

――日本国憲法改悪の危機に直面して

1　はじめに

私は静岡県浜松市の出身です。ノンクリスチャンの家庭に生まれ、一八歳まで、キリスト教に触れる機会はほとんどなかったと言えます。大阪の大学に進学し、大学一年生の時に、教会に行くようになりました。そして、その年のクリスマスに洗礼を受けてキリスト者になりました。その教会は、当時は日本基督教団に属していましたが、中身は福音派であり、福音派諸教会との親しい交わりの中にありました。現在は単立教会になっています。

イエス・キリストを救い主として信じたとき、私は本当に大きな喜びに包まれました。罪を赦された喜びを本当に深く感じました。それと同時に、私はそこから「生きること」の喜びを感じるようになりました。ある意味、私はそこから生きることを始めた、と言っても良いほどです。イエス・キリストと出会うまでは、生きる意味を見出せず、無気力でした。特に高校生の時代は、どうしようもなく無気力でした。しかし、イエス・キリストと出会ったとき、そこで本当に生きる力が湧いてきたのです。

そして、そこで初めて「生きる場」というものに、目を留めるようになりました。自分が生きていく世界というものに目を留めるようになりました。生きる力がない時は、生きる場を、問題意識を持って見つめることはあまりありませんでした。しかし、キリスト者になったとき、世界を、日本を、そして時代を、真剣に見つめることが始まったのです。

それは意識して始めたのではありませんでした。キリストに救われて生かされている者として、どう生きるかを考えるのは自然なことです。そして、その中で、生きる現場である社会に目を留め、日本に目を留め、時代に目を留めるのは、自然なことだったのです。それまで、本を読むこともほとんどなかった私ですが、がむしゃらに本を読むようになりました。それは今も変りません。

そのような私でしたから、キリスト者の社会的責任を考えるというのは、極めて自然なことでした。福音派の団体が主催する二・一一集会や八・一五集会には、キリスト者になった直後から積極的に出席するようになりました。小さな学習会に出席することもありました。しかし、そのような集会に出席するたびに感じていたことがありました。それは、こうした問題を考え、また行動する上での聖書的根拠がかなり曖昧だということでした。

そうした問題をキリスト者として考えること、またそうした集会を持つことの意義を疑ったことはありませんでしたが、どうしても聖書を信仰と生活の唯一の基盤とするという福音主義キリスト者の確信とのつながりが明確には感じられなかったのです。

いわゆる社会運動の論理や政党の言葉がそのまま用いられているような気もしましたし、一方で、あまりにナイーブな御言葉の引用で事を済ませる傾向もあるように感じました。日本国憲法に保障されている信教の自由や政教分離を擁護することが、どのようにして私たちの信仰の確信と結びつくのか。それは決して、キリスト者や教会が迫害されないためという理由だけではないはずです。

また、平和の問題にしても、憲法九条を擁護することが、私たちの信仰とどうつながるのか。決して主イエスが山上の説教で言われた「平和を実現する人々は、幸いである」という言葉や、「だれかがあなたの右の頬を打つなら、左の頬をも向けなさい」という言葉だけで説明ができるわけではありません。

事柄はそれほど単純ではないと思います。聖書の立場は絶対平和主義であって、そうでない歴史上の教会の歩みはすべて間違いだったなどと乱暴に言えるはずはありません。私たちはもう少し、御言葉と取り組みつつ歩んできた教会の歴史や、そこで生み出されてきた思想に目を留める必要があるのです。

そして私たち自身が、御言葉に基づいた聖書的な思想を身につけ、その上で、政治的リアリズムというものを理解しつつ、具体的行動を決めていくことが求められていると思うのです。

私たちは価値観が多様化し、相対主義が支配的な時代に生きています。それは言葉を代えて言えば、「基準や規範が喪失している時代」とも言えるでしょう。何を基準に物事を考え、行動するのか、その基準や規範が見えにくくなっている。そのため何が起こっているのかと言えば、威勢の良い大きな声に、多くの人たちが安易に影響されるようになっているのです。思考の連鎖を丁寧につなげようとせずに、事柄を単純化する。そして人々がそれに巻き込まれていく。

こういう時代ですから、キリスト者といえども、聖書的な思想を持っていなければ、時代の空気に振り回されることになります。社会のこと、政治のこと、それらを、聖書を神の言葉と信じる者としてどう捉えたらよいのか。それを考える思考の基盤がなければ、結局、この世の考えに流されるしかない。日本全体がナショナリズムの方向に偏っていますが、残念ながら、教会にもその傾向があるように思えます。

私が危惧しているのは、教会の中に、信仰のことと政治のことを分けようとする傾向が根強くあることです。これは、教派を越えてあります。しかし、それが、本当に聖書が教えていることなのでしょうか。改革派教会でも、教会は政治のことに関わるべきではないという根強い意見があります。

もちろん、教会は政治団体ではありませんから、あらゆる政治問題について、積極的に発言し、行動すべきだなどとは思いません。しかし、信仰と政治を切り離してしまったら、キリスト者は何を基準にして政治のことを判断するのでしょうか。この世の思想です。借り物の思想です。とすれば、もはや、聖書を信仰と生活の唯一の規範としているとは言えないのではないでしょうか。

教会は教会として、政治について考え、議論しなければなりません。教会としての思想を深める必要があります。そのための努力を、これまで教会は怠ってきたのではないかと思います。改革派教会は三〇周年宣言を出しました。それは本当にすぐれた宣言だと思います。しかしそれ以降、そこに表明された宣言を、移り変わる現実の中でどう展開するのか。その思索を深めてきたとは言えないのではないかと感じています。

この世界が神の創造によるものであり、また神が今もご支配しておられると信じるならば、私たちはこの世界に対して、主にあって責任ある関わりが求められています。そのためには、御言葉に基づいた確かな視座が必要です。国家とは何か、教会とは何か、そして、キリスト者とはどういう存在なのか。それをはっきりと捉えるところから始める必要があるのです。

私は西部中会の世と教会に関する委員会の委員長をしています。また、神学校でウェストミンスター信条を教えていることもあって、こうした問題に関して、ウェストミンスター信仰告白から考える講演を随分してきました。今回も、同じようにウェストミンスター信仰告白から語ろうかとも思ったのですが、今回はあえて、聖書から語ることにしました。もちろん、ウェストミンスター信条は聖書の教えの要約なのですから、基本的メッセージは同じです。けれども、改めて聖書に遡って考えておきたいと思います。

そして聖書から私たちが立つべき原則を確認した後で、私たちが現在立たされているのはどのような状況なのか、とりわけ、自民党の憲法改正草案とはどのようなものなのかを見ておきたいと思います。

2　聖書から学ぶ

(1) キリスト者とは何か

最初にキリスト者の存在から考えていきたいと思います。キリスト者とは何か、と尋ねられたとき、皆さんはどう答えるでしょうか。キリスト者とは救われた者、滅びから救われた者、神によって新しく生まれた者、永遠の命を与えられた者、天国に行ける者、いずれも正しい答えです。

聖書は、キリスト者について多様な仕方で語ります。その存在についても、また生き方についても多様な表現が用いられています。ですから私たちは、その聖書的多様性を正しく受け止める必要がありますが、私自身は、キリスト者を説明する聖書的キーワードの一つは「自由」だと思います。イエス・キリストは「真理はあなたたちを自由にする」（ヨハネ八・三二）と言われました。

また、パウロはガラテヤの信徒への手紙の中で「キリスト・イエスによって得ている自由」（二・四）と語り、また「あなたがたは、自由を得るために召し出されたのです」（五・一三）と述べています。このことから、イエス・キリストが与えてくださる恵みの中心に自由があることは明らかです。自由こそ、キリスト者を特徴付けるものであり、イエス・キリストの福音の中心的恵みなのです。

ではそのキリスト者の自由とは、一体、どのような自由なのでしょうか。

第一は、罪責からの自由、神の怒りからの自由です。私たちは自らの罪の故に、永遠の罰を受けなければならない、生まれながらの怒りの子でした。しかしイエス・キリストの十字架の贖いによって、その罪責や神の怒りから解放されたのです。

第二に、律法の呪いからの自由です。人間は、神の戒めである律法に従うべき存在ですが、罪の故にそれを守ることができず、呪いに値します。しかし、ガラテヤの信徒への手紙三章一三節にあるように「キリストは、わたしたちのために呪いとなって、わたしたちを律法の呪いから贖い出してくださいました」。そして「律法の下ではなく、恵みの下に」生きる者としてくださったのです（ローマ六・一四）。

第三に、サタンと罪の支配からの自由です。キリスト者といえども、罪から自由ではありません。罪はなお信仰者の中に猛威を奮います。また、キリスト者といえども、サタンの影響力から自由ではありません。しかし、たとえ罪やサタンの影響から自由ではなかったとしても、もはや罪やサタンがキリスト者を奴隷とすることはできないのです。

パウロがローマの信徒への手紙の中で「あなたがたは、今は罪から解放されて神の奴隷となり、聖なる生活の実を結んでいます」（六・二二）と述べているように、キリスト者は罪から解放されて神の奴隷となっている。この地上に生きる限り、罪やサタンの影響から自由にはなれないとしても、もはや隷属することはなく、その支配は破られたのです。

第四は、永遠の断罪からの解放です。主イエスは「はっきり言っておく。わたしの言葉を聞いて、わたしをお遣わしになった方を信じる者は、永遠の命を得、また、裁かれることなく、死から命へと移っている」（ヨハネ五・二四）と言われました。キリスト者は、すでに死から命に移っているのであり、永遠の断罪にあうことはありません。

そしてキリスト者の自由の第五は、神に近づく自由、また神に仕える自由です。キリスト者は神の子どもとして受け入れられているのであり、子としての自由を持って神に近づくことができるのです。エフェソの信徒への手紙三章一二節に「わたしたちは主キリストに結ばれており、キリストに対する信仰により、確信をもって、大胆に神に近づくことができます」とある通りです。まさに、恐れからではなくて、喜びを持って、自由に神に仕えることができるのです。

こうして見て来ますと、まさに「自由」こそ、福音の恵みの本質を的確に言い表しているのが分かります。「自由」の反対は「隷属」です。私たちは、かつては、罪とサタンの奴隷であり、それゆえに、罪責を負い、神の怒りと呪いの下にあり、永遠の裁きに向かっていました。しかし、キリストの十字架の贖いによって、これらから解放されたのです。「自由」になったのです。

そしてこの自由とは、端的に言えば「神様以外のいかなるものにも拘束されない自由」と言えます。根源的に言うならば、神様以外にキリスト者を拘束するものはないのです。それがキリスト者の自由です。そういう自由を、主イエスが私たちに与えてくださった。そして、パウロが「あなたがたは、自由を得るために召し出されたのです。ただ、この自由を、肉に罪を犯させる機会とせずに、愛によって互いに仕えなさい」（ガラテヤ五・一三）と述べたように、その自由を用いて神と人に仕えることがキリスト者には求められているのです。

イエス・キリストの福音によって、神が与えられたのが自由であるならば、この自由を奪おうとすることに抵抗し、戦うのは当然のことです。神様以外の何かに、私たちを隷属させようとするものがあるならば、それに抵抗するのは当然のことです。

私たちは、神様以外のものの奴隷には絶対になってはならない。そして、私たちを何かに隷属させようとする試みに対して、敏感でなければなりません。今日の日本の為政者には、明らかに、国家に隷属する人間を造ろうとする意図があるのではないでしょうか。国家権力が望むような人間を造ろうとする意図があるのではないでしょうか。それを私たちは見過ごしにしてはならないのです。

その点で、私が非常に重要だと思うのはキリスト者の良心です。良心については、聖書の中に完全な理論があるわけではありません。しかし、良心が人格の不可欠の要素であり、神の審判についての意識であることは確かです。それによって人は、罪の意識を持ち、悔い改めに導かれるのです。

しかし、良心というものは常にそのように正しく機能する訳ではありません。テモテへの手紙一、四章一節から五節にあるように、誤った教えを命じる者が、良心的にそれをするということもあり得るのです。パウロが教会を迫害していたとき、彼は何ら良心の痛みを感じませんでした。戦中の教会・キリスト者が、国家権力によって神社参拝を強要されたとき、日本ではほとんどのキリスト者がそれを受け入れたわけですが、あえて言えば、それはそれに抵抗を感じない程度の良心であったということです。朝鮮半島では、信仰的良心のゆえに、絶対にこれを受け入れないで殉教した人々がいました。また近年でも、キリスト者の評論家である富岡幸一郎氏は靖国神社に参拝しました。彼の信仰的良心はそれに痛みを感じないのです。

このように、良心はそのままで確かな基準になるのではありません。良心は弱められたり、殺されたりすることもあり得る。しかし、一方で、プロテスタント教会の出発点において「良心」が大きな役割を果たしたことも忘れてはなりません。

マルティン・ルターが、神聖ローマ皇帝の前で、彼の見解、宗教改革的な見解の取り消しを求められたとき、彼は言ったのです。「私の良心は、神の御言葉にとらわれています。私は何も取り消すことはできないし、取り消そうとも思いません。なぜなら、良心に背くことは正しくないし、安全でもないからです。神よ、私を助けたまえ」。

ルターの宗教改革のクライマックスともいえる場面で、彼は良心のゆえに、宗教改革的確信を取り消せない、と言ったのです。まさに命を賭けてこの告白をしました。

ルターの良心は、神の言葉に捉われていました。そこが何より大切なところです。良心そのものは、弱められたり、無感覚にさえなる。ですから、大切なことは、キリスト者は御言葉によって良心が聖められなければならないのです。良心は、聖書によって教えられ、聖霊によって育まれなければなりません。御言葉による教育なしに、キリスト者の良心は健全には機能しないのです。聖められた良心のキリスト者を育てることが、何より重要なのです。

神のみが良心の主です。これはウェストミンスター信仰告白二〇章二節の告白です。私たちは、良心が、神の御言葉を基礎にして働くように教育する必要があります。そのような良心の持ち主によって、神の御業はなされるのです。その良心を曇らせたり、または、別の何かに隷属させる企てに私たちは敏感である必要があります。

第一次安倍内閣の際になされた教育基本法の改正、そして二〇一二年の自民党憲法改正草案に見られる国家主義の台頭には、明白に国家が国民の内心を支配しようとする意図が読み取れます。私たちの良心を、神以外の、聖書以外のものに結び付けようとする動きです。キリストを主として生きることができなくなる人間を造ろうとしている。良心が、神の言葉ではなくて、国家に捉われた人間を造ろうとしている。そのことを、私たちは忘れてはならないのです。

そして、教会は今こそ目を覚まして、神の言葉に捉われた良心を持つキリスト者を育てなければなりません。聖められた良心を持つキリスト者こそが、神の御前に社会的責任を果たす者なのです。

(2)国家とは何か

二番目の国家の問題に移ります。聖書は国家権力や為政者について、どのように教えているのでしょうか。

第一に、国家的統治また国家的為政者は、神によって立てられたものであるということです。ローマの信徒への手紙一三章一、二節にはこうあります。「人は皆、上に立つ権威に従うべきです。神に由来しない権威はなく、今ある権威はすべて神によって立てられたものだからです。従って、権威に逆らう者は、神の定めに背くことになり、背く者は自分の身に裁きを招くでしょう」。

パウロは立てられている権威が神によることを明言しました。全ての種類の公権力は、神によって立てられたというのが、宗教改革陣営、プロテスタントの共通理解でありました。

第二に、国家には神によって託された役割があることです。ローマの信徒への手紙一三章三、四節にはこうあります。「実際、支配者は、善を行う者にはそうではないが、悪を行う者には恐ろしい存在です。あなたは権威者を恐れないことを願っている。それなら、善を行いなさい。そうすれば、権威者からほめられるでしょう。権威者は、あなたに善を行わせるために、神に仕える者なのです。しかし、もし悪を行えば、恐れなければなりません。権威者はいたずらに剣を帯びているのではなく、神に仕える者として、悪を行う者に怒りをもって報いるのです」。

パウロはここで、国家的為政者は「あなたに善を行わせるために、神に仕える者」だと述べています。そしてそれゆえに、剣の権能が与えられていると言っています。国家的統治の目的は、公共善の促進、公共の益のためだと言って良いでしょう。人々が幸福に生活するために欠くことができない平和と秩序の保持のために、政府は立てられている。そして、そのような平和と秩序の維持、正義の実現のために、国家には「剣の権能」が与えられているのです。

第三は、国家的統治及び国家的為政者に対するキリスト者の義務です。それを一言で言えば、神が立てられたものとして服従の義務があるということです。

まずペトロは、その第一の手紙二章一三―一四節でこう述べています。「主のために、すべて人間の立てた制度に従いなさい。それが、統治者としての皇帝であろうと、あるいは、悪を行う者を処罰し、善を行う者をほめるために、皇帝が派遣した総督であろうと、服従しなさい」。

ペトロはキリスト者が、国家権力・国家的統治を主からのものとして従うことを命じています。また、ローマの信徒への手紙一三章七節にはこうあります。「すべての人々に対して自分の義務を果たしなさい。貢を納めるべき人には貢を納め、税を納めるべき人には税を納め、恐るべき人は恐れ、敬うべき人は敬いなさい」。

ここでは、その権威を認めて、税をはじめ、さまざまな義務を果たさなければならないとされています。しかし、キリスト者の義務はそれだけではありません。テモテへの手紙一、二章一節から三節にはこうあります。「そこで、まず第一に勧めます。願いと祈りと執り成しと感謝とをすべての人々のためにささげなさい。王たちやすべての高官のためにもささげなさい。わたしたちが常に信心と品位を保ち、平穏で落ち着いた生活を送るためです。これは、わたしたちの救い主である神の御前に良いことであり、喜ばれることです」。

パウロは、立てられている人のために祈ることを命じました。彼らは本来、公共善のために立てられたのですから、そのように働くことができるように祈る必要があるのです。国民やまた多くの人たちが、まさに平穏で落ち着いた生活が送れるように、そのために彼らが正しい政治を行うように祈る必要があるのです。

以上のような、国家的統治の起源、その基本的役割、そして国家に対するキリスト者の義務についての理解は、宗教改革陣営の共通理解であったと言って良いでしょう。実際に、宗教改革諸教派の信仰告白や信条を読み比べてみれば、この点についてはほぼ共通の理解を持っていたことを見出すことができます。

そして私たちがここで心に留めておきたいことは、プロテスタントの諸信条は、必ずと言ってよいほど、国家的統治・国家的為政者についての信仰告白を含んでいたことです。この点では、改革派もルター派もまたワルドー派も同じです。もちろん、国家的統治に関する告白を含めていたことには、国家的統治を破壊しようとするセクトと、国家を教会の支配下に置こうとするカトリック教会の両方を批判する意図もあったでしょう。しかし、そのような歴史的背景があったとしても、やはり国家的統治の問題を、信仰告白の大切な項目として取り扱っていたことは注目すべきことだと思います。

つまり、プロテスタント教会にとって、国家的為政者の問題、国家権力の問題は、決して社会問題ではなかったのです。それはまさに信仰の問題であり、信仰告白されるべき問題でした。そして信仰告白の問題であったが故に、その面での戦いは、まさに信仰の戦いだったのです。国家や国家権力というものは、当然のごとく、信仰の視野の内に収められていました。この意識の回復が、まず、私たちには必要なのではないかと思うのです。

信仰を内心の問題に狭めてしまう。または魂の救いの問題に矮小化してしまう。それは、聖書が教えていることではありませんし、プロテスタントの伝統でもありません。もちろん、すべての社会問題を教会が取り組むべき信仰の問題とすべきではありませんが、少なくとも、国家権力の問題を信仰の視野に納める意識の回復が必要なのです。

具体的に言えば、教会の公同の祈りの中で、どれほど為政者のために、国家的統治のために祈られているか、ということです。国家を信仰のパースペクティブで捉えるような、信仰教育がなされているか、ということです。政治は信仰とは別だという意識が、変えられなければならないのです。

キリスト者が国家を理解する上で重要なもう一つのことは、国家権力の限界ということです。パウロは確かに、国家的為政者は神によって立てられたものであるから、それに服従する義務があると述べました。しかしこの主張は同時に、国家的為政者の限界を示す意味も持っています。つまり、国家的為政者は、神の目的を果たすために、神によって立てられたしもべなのですから、その目的を逸脱するならば、それについては国民には服従する義務がないのです。

国家権力は、神によって立てられたものなのですから、それが神の目的に反することをする場合は、服従する必要はない。このように、為政者が神によって制定されたという告白は、キリスト者の服従義務は決して無制限ではなく、ある限界が置かれていることを示しているのです。

主イエスは「カイザルのものはカイザルに返しなさい。そして神のものは神に返しなさい」と言われました。「カイザルのものはカイザルに」つまり、「皇帝のものは皇帝に」ですから、主イエスがローマへの納税を肯定されたのは確かです。その意味では、納税に反対する反体制派の熱心党とは一線を画しました。主イエスの教え、そして聖書の教えは、国家権力は神が立てられたものであるが故に、私たちには服従の義務があるというものです。

しかし、主イエスの言葉はそれで終わりではありませんでした。「皇帝のものを皇帝に返しなさい」だけではなくて「神のものは神に返しなさい」と続くのです。そして明らかに、この後半に強調点があります。「神のものは神に返しなさい」が中心なのです。つまり、神様に対する従順こそが最も重要で、その他の命令はすべて、この根本命令に基礎付けられています。

それゆえ、この二つの命令は決して横並びではありません。世俗の領域があり、また宗教的領域があって、そのそれぞれに同等の敬意を払うべきであると言っているのではありません。むしろ、「神のものは神に返す」という神への服従の範囲内で、皇帝のものを皇帝に返すに過ぎないのです。国家は神の権威の下にあります。それゆえに、私たちはその権威を認めて従う必要があるのです。それが「皇帝のものを皇帝に返す」ことです。

しかし、国家が神の権威の下にあるということは、その国家が神の御心に反するならば、つまり、神から委託されている領域を超えるならば、私たちはそれについては服従せずに反対しなければなりません。そうでなければ、私たちは「神のものを神に返す」ことにはならないからです。

私たちの国に、権力によって一つの法秩序が保たれていること、その中で平穏で落ち着いた生活をすることが許されていることを、私たちはまず神様に感謝する必要があります。そして立てられた人たちのことを覚えて祈る必要があります。

しかし同時に、権力のすることから目を離してはならないのです。憲法の改正に私たちが敏感にならざるを得ないのは、単に政治的な見解の故ではありません。国家が、踏み込んでけいけない領域に踏み込もうとしているからです。

人間の生きる目的を国家が規定しようとしています。国家に仕えることが善であるとされ、そういう「国家のための人間」を造る教育が目指されています。かつては、天皇のために生き、天皇のために死ぬ人間を造ることが国家の目的でした。それと同じような傾向を憲法改正案に見て取ることができるのです。

しかし私たちの信仰はそれを受け入れることはできません。ウェストミンスター小教理の第一問が語っているように、「人間の主要な目的は、神の栄光をたたえ、永遠に神を喜ぶこと」です。私たちの存在の目的は、国家に仕えることではなくて神に仕えることにあります。そして、私たちは国家に仕える人ではなくて、神に仕える人間を育てるのです。

神の栄光のために生きることに、人間の主要な目的があるのです。命の意義を、生きる意味を、また死ぬことの意味を、国家は与えることはできません。それを決めることはできません。それを与えようとするならば、私たちはそれには反対せざるを得ないのです。

この国家の役割と限界を考える上で、非常に重要なのが、イエス・キリストが与えられた教会の権能を考えることです。次にその問題を考えてみたいと思います。

(3) 教会とは何か

教会については、もちろんさまざまな角度から論じることができますが、ここでは一つの点だけを取り上げます。それは、教会の頭、教会の主は誰であるか、という点です。聖書はこの点について明確に語っています。

コロサイの信徒への手紙一章一八節。「また、御子はその体である教会の頭です。御子は初めの者、死者の中から最初に生まれた方です。こうして、すべてのことにおいて第一の者となられたのです」。

またエフェソの信徒への手紙一章二二節。「神はまた、すべてのものをキリストの足もとに従わせ、キリストをすべてのものの上にある頭として教会にお与えになりました」。

このように、イエス・キリストこそ教会の頭である、と聖書は教えています。問題は、イエス・キリストが教会の頭であるとはどういう意味なのか、それは具体的にどういうことを意味するのかという点です。

歴史を学ぶ時に、この点で特に私たちが心に覚えなければならないのが、国家的為政者との関係です。つまり、イエス・キリストが教会の頭であるとは、国家的為政者は決して教会の頭ではなく、教会の上に主権を主張することはできないということを意味するのです。

教会には、イエス・キリストから直接与えられている霊的な権能がある。国家から独立した権能がある。これが聖書の大切な教えです。イエス様はマタイによる福音書一八章一八節で、弟子たちにこう言われました。「はっきり言っておく。あなたがたが地上でつなぐことは、天上でもつながれ、あなたがたが地上で解くことは、天上でも解かれる」。

弟子団こそ教会の原点ですが、その彼らに主は「天の国の鍵」を預けると言われました。彼らが、人々を天国に入れることができる霊的権能を持つのです。国家権力は何ら介入することはできません。それは教会に与えられた権能なのです。人々を天国に導く霊的権能なのですから、そこには当然、何を信じるかという信仰の内容や、何を教えるかという教育の内容も含まれます。そのような霊的権能が、イエス・キリストから教会に与えられているのです。

また、パウロはエフェソの信徒への手紙四章一一—一三節でこう述べています。「そして、ある人を使徒、ある人を預言者、ある人を福音宣教者、ある人を牧者、教師とされたのです。こうして、聖なる者たちは奉仕の業に適した者とされ、キリストの体を造り上げてゆき、ついには、わたしたちは皆、神の子に対する信仰と知識において一つのものとなり、成熟した人間になり、キリストの満ちあふれる豊かさになるまで成長するのです」。

教会における働き人を、キリスト御自身がお立てになったということです。そして、キリストによって立てられた働き人によって、キリストの体なる教会は、建て上げられていくのです。教会の組織、教会の人事も、頭なるキリストの任命によるのであり、国家が介入することは許されません。教会における政治は、キリストによって立てられた教会役員によって行われるのです。

このように、キリストが教会の頭であるとは、霊的な事柄とその実践における教会の自律を意味します。スピリチュアル・インデペンデンスと呼ばれる、霊的自律、信仰上の独立のことです。教会には、イエス・キリストから委ねられた独立した権能があるのであり、その部分には国家権力が介入することは許されないのです。

歴史を学ぶとき、日本の教会にはこのスピリチュアル・インデペンデンスの意識が希薄であったことが分かります。そして、その日本の教会の体質は、今日もなお継続していると思います。しかし、これからの時代を考えるとき、この点がおそらく教会の戦いの基軸になるべきだと思います。この意識と確信が、先鋭化される必要があると思うのです。

3　私たちが直面している現実――「自民党憲法改正草案」

以上、聖書に基づいて、キリスト者とは何か、国家とは何か、教会とは何かの基本原則を確認してきました。私たちはあくまで聖書に基づいて、その確信に立って、国家や社会を見つめ、考え、行動することが必要です。

続いて、その私たちが直面している現実に目を向けたいと思います。とりわけ、注目しなければならないのが、憲法改正問題です。自民党の憲法改正草案が二〇一二年四月に発表されました。憲法改正と聴きますと、憲法九条の改正のことがまず頭に浮かぶ方も多いと思います。もちろん、それも大きな問題です。しかし、今回の自民党による憲法改正草案の問題はそのようなレベルに留まるものではありません。

根本的な問題は、憲法の基本的性格を変えてしまおうとしている点にあります。憲法と法律は、性質が異なるものです。法律は、「国家権力による強制力を伴った社会規範」です。国は法律によって、国民に対して命令し、それを守らないと罰則が与えられます。交通ルールとか税金のことを考えれば分かりやすいと思います。

国家は国民の権利利益を法律によって規制します。しかし、国家が好き勝手にそれをするとすれば、国民の自由や人権が不当に制限されることになりかねません。そこで、国家権力にあらかじめ歯止めをかけておく必要があるのですが、その歯止めが憲法なのです。

憲法は国家権力を制限して、国民の人権を保障するものです。ですから憲法というのは、国民が守るべき法律ではなくて、権力者・為政者が守るべきものなのです。法律は国民を拘束しますが、憲法は、その法律を作る側の国家権力を拘束するものなのです。憲法九九条はそれを表しています。

そして国家権力は、民主主義国によれば、多数派によって形成されます。とすれば、憲法は多数派に歯止めをかけて、少数派の自由と権利を保障することを目的としているということになります。

近代立憲主義は「個人の尊重」から始まります。物事を決めるために、多数決によりますが、多数派が正しいということではありません。多数派であっても少数派の尊厳を踏みにじってはならないというのが基本なのです。国家権力を法的に制限し、国民の人権を保障する憲法に基づいた政治を行うことを「立憲主義」と言うのです。

こうした考えが、近代立憲主義ですが、自民党憲法草案はこの基本的性格を変換することを目指しています。憲法を通常の法律のような性質のものに変えてしまおうとしています。つまり、憲法が国家権力を縛るのではなく、逆に国民の権利を縛るものにしてしまおうとしているのです。憲法草案の第一〇二条には「全ての国民は、この憲法を尊重しなければならない」と規定されているのもその表れです。逆に憲法を尊重し擁護する義務から「天皇と摂政」が外されています。

近代憲法のルーツは、西欧の啓蒙思想ですが、人間が生まれながら持っている権利という概念を基礎に「個人の尊重」を土台としました。しかし、憲法草案「Q＆A」ではこう述べられています。「権利は、共同体の歴史、伝統、文化の中で徐々に生成されてきたものです。したがって、人権規定も、我が国の歴史、文化、伝統を踏まえたものであることも必要だと考えます。現行憲法の規定の中には、西欧の天賦人権説に基づいて規定されているものが散見されることから、こうした規定を改める必要があると考えました」（Q13）。

驚くことに、西欧の天賦人権説が問題だとして、人権規定を「我が国の歴史、文化、伝統を踏まえたもの」にするというのです。

近代憲法は、個人の尊重からはじめますから、国家というものを「文化、伝統、民族から解放して、単純な権力主体として位置づけ」ます。しかしそれも問題だとして、日本的な人権規定にするというのです。

では、日本的な人権規定とは何か。それは一言で言えば「国家の尊重」を前提とした人権規定と言えます。誰でも人間はかけがえのない人間として、同じように「個人」として尊重されるのではなく、「国家の尊重」という前提の中で、その枠組みの中で初めて、人は尊重されるという体制です。ですからこの憲法草案は、単なる憲法の一部改正ではなく、ある意味「革命」を目指しているようなものだと思います。現行憲法の完全否定的な改正なのです。

安倍首相はしばしば「普遍的価値を共有する」という言葉を使って、外交を展開しています。しかし、この新憲法草案はその「普遍的価値」を捨てることを意図しているものです。普遍を追求することを断念して「日本は独自」という立場を打ち出し、普遍は「押し付けられたもの」として切り捨てようとしています。

安倍さんはそれが分かっているのか。分かっていてそういう言葉を使っているなら、かなり悪質だと言わなければなりません。しかし、どうもそうではない。分からずにこの言葉を使っているようです。ということは、憲法についてのイロハを知らないということです。憲法についてのイロハを知らない人が、あるいは知ろうとしない人が、一国の総理として憲法の改正に情熱を注いでいる。それは本当にあってはならない悲劇的事態だと言えます。

4　政治的リアリズム

結論に進む前に、一つのことを述べておきたいと思います。それは、私たちは政治的リアリズムの感覚をもつ必要があるということです。聖書を神の言葉と信じる福音主義キリスト者がしばしば陥りがちな傾向は、一つの政治的判断を、直接御言葉に結びつけようとすることです。しかしそれは正しいことではありません。

たとえば、憲法九条の平和主義や、二〇条八九条の信教の自由・政教分離を、直接聖書の教えとして擁護することができるかと言えば、できないと思います。それを無理やりしようとすれば、どこかに無理が生じる。聖書の教えだという限り、それには時代と場所を越えた普遍性がなければなりません。しかし、九条にしろ、二〇条八九条にしろ、それは近代憲法の歴史を経て、また、日本の近現代の歴史を経て与えられたものであって、それ自身が聖書的な普遍性を持つ教えではないのです。

私たちにとって、まず大切なことは、聖書の教え、真理をしっかりとつかむことです。キリスト者とは何であるか、国家とは何であるか、また教会とは何であるか、これは聖書の普遍的教えとして語られうるものです。キリスト者は神以外の何物にも隷属しない自由に生きる者。国家は神によって立てられたのであり、神から委託された権能を果たすべきもの。そして教会は、イエス・キリストを頭として、霊的自律に生きるもの。

その聖書の教える真理を、日本の現実に当てはめ、今何が必要なのかを考えるのです。キリスト者の自由を奪って隷属させることには反対する。国家が本来のつとめを果たすように監視し、働きかける。また、教会が自ら霊的自律に生きると共に、国家の領域侵害を許さないのです。

そして政治的リアリズムとして考えるならば、まさに日本国憲法を守ることが、今非常に重要だとわかるのです。憲法が改正されれば、まさに、聖書が教えているような、国家のあり方、教会のあり方が歪む危険があり、またキリスト者の生き方が歪められる危険があるのです。

憲法改正の問題は、もちろん直接の真理問題ではありません。しかし、聖書の根本的教えと、政治的リアリズムから考えるならば、それはまさに、信仰の戦いになりうるような重要な問題なのです。

日本の現実のキリスト教会の中に、憲法九条についての見解でも一致がないのが現状だと思います。一方では、教会は政治に関わるべきではないと言われ、また一方では、教会は今こそ、危機意識を持って政治問題に関わらなければならないと言われる。私は、始めにも言いましたが、この現状を生み出したのは、結局、教会はこうした国家や社会の問題についての、聖書的思想を深めてこなかったことに起因するのだと思います。借り物の思想で、または借り物の言葉で論じてきた面があるのではないか。

普遍的な聖書の教えまで下らなければ、キリスト者の一致は生まれませんし、本当の意味での力にはならないでしょう。今必要なのは、すべてのキリスト者に説得力を持つ、確かな思想と言葉の獲得だと思います。聖書が国家や社会の問題について何と語っているか、というある聖書的確信が必要なのです。

その上で、政治的リアリズムの感覚を発揮する必要があります。つまり、その普遍的思想から現実の日本の政治を見たとき、今何を主張し、何を選択すべきかということです。このように丁寧に論じることによって、キリスト者の一致を図っていく必要がある。本当に聖書的な確信に立って一致できるならば、少数者といえども、教会やキリスト者は、社会に対してあるインパクトを与え、責任を果たしていくことができると私は思っています。

5　最後に

最後に結論としてまとめておきます。

第一に、私たち福音主義キリスト者に必要なのは、聖書に立った、信仰の確信に立った、教会的戦いです。そのための、聖書的思想と言葉を獲得しなければなりません。そのためには、不断の学びが必要です。特に、教会の指導者にはその責任があると思います。

第二に、戦いの視点として重要なのは、御言葉によって聖められた良心を持つキリスト者を育てることと、教会の霊的自律に対する意識を確立することです。教会における教育と、教会論の問題と言っても良いでしょう。

第三に、日本の教会の歴史を学ぶことの必要です。なぜ日本の教会は、神社参拝を受入れ、宮城遥拝を受入れたのか。国策としての侵略戦争に加担したのか。なぜ戦後、そのことを本当に悔い改めることがなかったのか。このことを考えることは、日本の教会の責任だと思います。そして、もし、かつての教会に問題があったならば、その問題が今克服されているかを問わなくてはなりません。そうでないなら、また同じ過ちを教会は犯すことになるからです。

第四に、政治的リアリズムの感覚を持つことです。具体的な政治の動きの背後にあるものを見抜いていかなければなりません。政治家の言葉の背後にあるものを、見抜いていかなければなりません。この世にしっかりと目を開いていなければならないのです。

そして私が願うことは、改革派教会の信徒だけでなく、すべての福音主義キリスト者が、信仰的確信に立って、この憲法改正の動きに反対するようになることです。そのことが、借り物の言葉ではなくて、聖書的思想に基づいた信仰の言葉で語られる必要がある。そのとき、教会は、この世に対して本当に果たすべき役割を果たしていけるのだと思います。

国家に対するキリスト者の良心

1　良心とは何か

今回のテーマは良心ですので、まず良心についての哲学的意味・語源的意味を確認しておきたいと思います。

岩波書店の『哲学・思想事典』[1]の良心の項目は、金子晴勇氏によって書かれています。それによりますと、良心という概念は、時代により国により多様な意味に用いられてきました。しかしほぼ共通しているのは、良心概念は「人間によってなされた行為に対する道徳的な反省の意識」として用いられていることです。それゆえ、それは大抵の場合「やましい良心」として表わされます。つまり、良心のうずきが責めの意識として感じられ、それゆえこの行為を行わない。あるいは、行ってしまったことに対して、やましさを覚えて反省する。それが本来の良心の働きであると言えます。そしてこの「やましい良心」の否定として、「やましくない良心」が表明されるのであり、この「やましくない」状態こそ、平安で肯定的な良心のあり方となるのです。

次に、ヨーロッパ語における「良心」ですが、ギリシア語のσυνείδησις（シュネイデーシス）、ラテン語のconscientia（コンスキエンティア）、ドイツ語のGewissen（ゲヴィッセン）がこれに当たります。金子氏は、これらヨーロッパ語の良心は、語源的には不明確な点を残していると言いつつ、そこに一つの共通な発展が見られる、と言っています。つまり、行為に向けての「知識」から始まり、「道徳的意識」を通って、「内なる良心」という限定的意味を担うものになっているということです。中でも共通点は、それぞれの前綴 συν、con、Ge が、いずれも「共に」という意味を持っていることです。つまり、良心は現実の自己と共にいて、共知者の関係に立ちつつも、より高い存在として、目撃者や証人、また審判者や弁護者になるのです。こうして良心は、自分の行為に対する警告者、共知者、告発者、審判者、共苦者として作用することになります。

ベーカーの『神学事典』で良心の項目を担当しているアルフレッド・レウィンケルは、良心は三つの機能を果たすと言っています。第一は、義務的良心。これは、人が善と認めることを行うように、また悪と認めることを行わないように勧めます。第二は、法的良心。これは人間の決定と行為に判決を下します。第三は、実行的良心。これは、人間の心の中でその判決を執行します。つまり、良心は人間の行為がその確信と矛盾する時に、内的不安、苦悩、恥辱、後悔を引き起こすことによって、それを罰し、また人間がその確信と一致する行為をした場合はそれを称賛するのです(2)。

2　聖書における良心

次に聖書における良心ですが、ギリシア語の συνείδησις（シュネイデーシス）は、新約聖書に三〇回出てきますが、ヨハネによる福音書八章九節の異読を別にすれば、福音書には出てきません。いわゆる真正パウロ書簡に一四回、その他の新約文書に一六回です（内訳は、使徒言行録二回、牧会書簡六回、ヘブライ人への手紙五回、ペトロの手紙一、三回）。

旧約聖書にはこれに対応する語はありません。ヘブライ的思考は神中心で、神は人に服従を求め、その内容は律法と預言者によって啓示されます。このような地盤には良心という観念が生まれてこなかったと思われます(3)。

それゆえ、シュネイデーシスは、パウロによってキリスト教文書に持ち込まれたと推定されます。そしてパウロ書簡でこの語が最も多く用いられているのは、コリントの信徒への手紙一、八章と一〇章にある、偶像に供えられた肉についてのコリントの信徒からの質問に答えている箇所です。コリント教会の強い者は、特別な神認識を持っていると称して、彼らの恣意的な行為を、彼らの宗教的自意識によって正当化しました。すなわち、自己の良心にやましくなければ何をしても良いと主張していたのです。しかしパウロは、このような人間の良心の独立性を認めず、強者の振る舞いが躓きとなって弱者の良心が傷つくことを戒めたのです(Iコリ八・九、一一―一二)(4)。

『ギリシア語新約聖書釈義事典』で、シュネイデーシスの項目を担当しているリューデマンは、「パウロの手紙での他の使用例はコリントの信徒への手紙一、八章と一〇章でのシュネイデーシスの使用法に関連している」と述べた上で、総括的に「シュネイデーシスはパウロの人間学にとって中心的役割を果たしていない(5)」と述べています。むしろパウロ後の時代に、このシュネイデーシスは、中心的役割を獲得したと言います。つまり、聖書には、良心についての理論が完全に展開されているとは言えないわけですが、聖書の時代の中で次第に、その役割が重要性を持つようになっていったように思われるのです。

真正パウロ書簡以外の新約文書におけるシュネイデーシスは、付加語と共に用いられている点に特徴があります。「正しい（アガセー）良心」（使徒二三・一、Ⅰテモテ一・五、一九、Ⅰペトロ三・六、二一）、「明らかな（カレー）良心」（ヘブライ一三・一八）、「清い（カサラー）良心」（Ⅰテモテ三・九、Ⅱテモテ一・三）、「責められることのない（アプロスコポス）良心」（使徒二四・一六）、さらに「邪悪な（ポネラ）良心」（ヘブライ一〇・二二）などの用例が見られます。この段階では、「良き良心」「清い良心」を持つことが、キリスト者であることを特徴づけるものとして用いられています。偽教師が持つ、汚れた良心と対置されているのです（Ⅰテモテ一・一五）。

良心には「清い良心」と「汚れた良心」があり得る。ここが大切な点です。良心は確かに人格の不可欠の要素であって、それを蹂躙することはその人の存在を大きく損なうことになります。しかし、キリスト者にとって良心は道徳生活の唯一のガイドではありません。「キリスト者の良心は、聖書に教えられ、恩寵によって育まれ、聖霊によって活かされ、他者への愛に動かされるものであり、人が神の意志について持つ理解に照らして、その人がとるべき行為を評価するもの、しかも柔軟であり誤りやすい評価者」(6)なのです。

3　日本国憲法における良心

次に日本国憲法における良心の問題を見ておきます。教会において良心の自由が語られるとき、思想的・哲学的意味での良心、聖書的意味での良心、日本国憲法のいう良心の区別がかなり曖昧であるように思います。それが時に、議論を混乱させているように感じます。そこでまず、近代立憲主義思想に基づいて制定された日本国憲法の規定を確認しておきたいと思います。

日本国憲法は第一九条で「思想および良心の自由は、これを侵してはならない」と定めています。これはいわゆる「内心の自由」を明文化しているものです。「これは、思想や良心は、内心という人格の中核に位置するものであり、その侵害は、個人の尊厳及び民主主義の精神基盤を掘りくずす危険をもたらすという考え方」(7)によっています。

憲法学者の芦部信喜氏は「思想・良心の自由は、内面的精神活動のなかでも、最も根本的なものである」(8)と述べています。諸外国の憲法においては、信教の自由や表現の自由とは別に、特に思想の自由を保障する例はほとんど見当たらないそうです。しかし日本国憲法があえてこの規定を持つのは、「わが国では、明治憲法下において、治安維持法の運用に見られるように、特定の思想を反国家的なものとして弾圧するという、内心の自由そのものが侵害される事例が少なくなかった」からです。芦部氏は「日本国憲法が、精神的自由に関する諸規定の冒頭において、思想・良心の自由をとくに保障した意義は、そこにある」(9)と述べています。

同じく憲法学者の佐藤功氏も次のように述べています。「第一九条がこのような内心の自由を保障したことは、わが国において特に意味があるといわなければならない。すなわち、……従来わが国においては、天皇が政治的権威とともに道徳的権威をもつものと考えられていた。『教育勅語』が国民道徳の大本を示したものであるとされたのは、その内容自身が正しいということのみによってではなく、それが同時に政治的権威者でもある天皇の名において国民に命ぜられたものであったからでもある。このように、従来わが国民の内心も、天皇の絶対的権威から自由ではなかったのである。第一九条によって、国民の思想・良心の自由を保障したことは、国民が天皇の道徳的権威から解放され、真に自由なる人間になったことを意味する」[10]。

いずれの憲法学者も、かつての日本において、国家によって国民の内心の自由が侵害されていたことを指摘し、それがこの規定の背景にあるとしていることは心に留めるべきことです。

次に第一九条が保証する思想の自由と良心の自由との区別についてですが、思想は内心の論理的な側面を指し、良心は内心の倫理的な側面を指すと言われますが、ともに人間の内心の精神作用であることに変わりはなく、両者を特に区別する実益は乏しいとするのが通説・判例です[11]。

次に思想・良心の自由の保障内容ですが、次の四点にまとめることができます[12]。

①国民は国家から、ある特定の思想をもつように強制されたり、あるいは禁止されたりすることはない。

②国民は、ある思想を有すること、または有していないことを理由に、国家から何らかの不利益を受けることはない。

③国民は、国家からいかなる思想・良心を有しているかを表明することを強制されない（＝沈黙の自由の保障）（例えば、キリスト教禁止のための「踏絵」）。

④思想・良心に反する行為の強制禁止（例えば、戦前に見られた神社参拝の強制）。

そして内心の自由の保障は、ことがらの性質上絶対的な保障であり、「公共の福祉」を理由とする制限も一切認められません。ただその思想が、言論・出版その他何らかの外部行動として現れた場合に、はじめて公共の福祉による規制の対象となることがあるのです。しかしこの場合の制限は、もはや思想・良心の自由の制限ではありません。

以上から明らかなように、日本国憲法の思想・良心の自由の保障とは「要するに個人の思想・良心に対して国家が干渉してはならないことを意味[13]」します。それゆえ、もし公権力が、「人の特定の『思想・良心』の形成を意図して、①人の内心を強制的に告白させもしくは推知するとき、②特定の『思想・良心』を組織的に宣伝・教化するとき、あるいは、③外部的行為を強制ないし規制するとき、『思想及び良心の自由』は重大な危機にさらされ、まさに人格的自律権の基盤を掘り崩されることになる」のです。それゆえ、「『思想及び良心の自由』を法的に保障することの意義は、公権力のこの種の行為を禁止し、人の人格的自律性の基盤を保障することにある[14]」のです。

以上が、日本国憲法第一九条に定める「思想・良心の自由」の内容です。繰り返しますが、日本国憲法の定める「良心の自由」は、国・公共団体といった公権力からの個人の自由を意味するのです。

4 教会における「良心の自由」

次に教会における「良心の自由」について考えてみます。教会においても「良心の自由」ということが語られることがあります。しかし、日本国憲法のいう「良心の自由」との区別が十分に理解されていない場合がしばしばあるように思われます。

教会に良心の自由があるのでしょうか。先ほどの日本国憲法の公権力と国民の関係を、教会と信徒の関係に置き換えて、信徒は教会からある特定の思想を持つように強制されたりしない、そのような「良心の自由」を持つという意味で言われるなら、教会にはそのような自由はありません。なぜなら、教会は基本的に信仰告白共同体であるからです。自発的な信仰告白によって共同体の成員になり、一つの法秩序の下に置かれています。ですから、その信仰告白・教会法に反する自由を有している訳ではありません。たとえば、教会員が三位一体を否定する思想を持つこと、あるいはイエス・キリストの復活を否定する思想を持ち、それを主張する自由が教会にあるかと言えば、少なくとも福音主義教会ではそれはありません。たとえ、「自らの良心」のゆえに、キリストの復活は信じられないからそれを教えないでほしいと主張したところで、教会はそれを受け入れることはできません。個人は、それが受け入れられなければ、その共同体を去るしかないのです。

このように言いますと、教会は良心と言うものに対してあまりに鈍感で、繊細さに欠くと思われるかも知れませんがそうではありません。プロテスタント信仰、福音主義信仰は、まさに良心の重要性を主張した「良心の宗教」と言えるでしょう。ルターの宗教改革のクライマックスの一つは、彼がウォルムス帝国議会で、皇帝カール五世の前で自説の撤回を求められた時だと言えます。信仰義認という宗教改革的な自説を撤回しなければ、間違いなく異端として処罰されることが確実な状況の中で、ルターは二日目の喚問の際にこう答えたと記録されています。

「聖書の証言と明白な根拠をもって服せしめられないかぎり、私は、私が挙げた聖句に服しつづけます。私の良心は神のことばにとらえられています。なぜなら私は、教皇も公会議も信じないからです。それらはしばしば誤りを犯し、互いに矛盾していることは明白だからです。私は取り消すことはできませんし、取り消すつもりもありません。良心に反したことをするのは、確実なことでも、得策でもないからです。神よ、私を助けたまえ、アーメン(15)」。

ルターはここで、良心に反することはできない、として自説の撤回を拒否しました。この発言についてルター研究者の徳善義和氏は次のように述べています。「ヨーロッパの近代は、思想的には、個人の人格、主体性、信念や信条を尊重することを基本に発展したが、ルターのこの発言はその先駆けとなったともいえるだろう。ただし、ルターの言う『良心』とは、神という絶対的な存在を前にしての良心であって、近代の思想家たちが考える、人間を主体とした良心とは異なることに注意が必要である。ルターには、人間は罪を犯さざるをえない存在であるという認識があった。そういう存在である人間の良心は、自ら善きものになれるものではなく、神のことばにとらえられることで初めて善きものになれる。ルターの回答の最後、『神よ、私を助けたまえ』という言葉は、そのことを語っているのである(16)」。

徳善氏は、ルターのいう良心と、近代の思想家たちが考える良心との違いを指摘しています。近代の思想家たち、啓蒙主義者たちは、神なしの良心、人間を主体とした良心を考えていました。しかし宗教改革者たちは、絶対的な神のみ前における良心を考えていたのです。

J・I・パッカーは、宗教改革者たちの良心理解について、次のように述べています。「彼らにとって良心は、神の御前に立ち、神の言葉に服し、神の律法の裁きにさらされており、けれども――もし信者であれば――それにもかかわらず、神の恵みをとおして義とされ、受け入れられたものという、人間の自己認識を意味した。良心は、そこで神の義とする判決が語られる法廷である。良心は、そこにおいてのみ信仰、希望、平和、喜びが育ちうる土壌である。良心は、人間がそれに似せて造られた神の像のかなり損なわれたものの一つの面で、生き生きしたキリスト教は、神の鋭く力強い御言葉の徹底的な語りかけと聖霊の啓発のもとにおける良心の理解と働きに直接に根ざしている(17)」。

パッカーはこう語り、宗教改革者たちの人間理解の中心に良心があったことを明らかにしています。そしてこの考えは、ルターからカルヴァン、そしてピューリタンたちに継承されていると考えることができます[18]。

以上のように「良心」概念は、宗教改革者にとっても、近代思想家たちにとっても、重要な意味を持ちましたが、その意味内容が異なることをまず押さえておく必要があります。この点の混乱が、教会に持ち込まれてはならないでしょう。

では、教会には「良心の自由」はないのでしょうか。「神なき良心の自由」はありません。しかし、聖書的な意味での良心の自由はあると言えるのです。ではそれは、どのような意味での自由なのでしょうか。

ここでプロテスタントの代表的な信条の一つ、ウェストミンスター信仰告白の言葉に注目してみたいと思います。ウェストミンスター信仰告白は、一七世紀にロンドンのウェストミンスター寺院で開催されたウェストミンスター神学者会議が作成したものです。ウェストミンスター信条を教会の信仰規準として採用したのが、概ね長老教会であったことから、長老教会の信条と解される場合が多いのですが、その作成の経過から明らかなように、これは長老教会という一つの教派の信条として作成されたものではありません。イングランド・スコットランド・アイルランドの三王国に共通の信条として作成されたもので、それは狭い定義を避けた信仰箇条であります。リフォームドの信条であることに間違いはありませんが、それ以上に、一五〇年に亘る宗教改革神学の集大成のような性質を持っていると言えます[19]。

そのウェストミンスター信仰告白の第二〇章が「キリスト者の自由と良心の自由について」です。四つの節から成りますが、良心の問題が取り扱われているのは第二節です。「ただ神のみが良心の主であって、神は、何事においてであれ、その御言葉に反するような、また、信仰や礼拝に関わる事柄であれば、御言葉に付加されるような、人間の教説と戒めから、良心を自由にされた。それゆえ、良心に従って、そのような教説を信じたり、そのような戒めに従うことは、真の良心の自由に背くものである。そして黙従的信仰や、理解を伴わない絶対的服従を要求することは良心の自由とさらには理性の自由をも破壊するものである」[20]。

本文に沿って、四つのポイントに纏めることができます。

①ただ神のみが良心の主である。

②神は、何事においてであれ、その御言葉に反するような、また、信仰や礼拝に関わる事柄であれば、御言葉に付加されるような、人間の教説と戒めから、良心を自由にされた。

③良心に従って、真の良心の自由に背く場合がある。

④黙従的信仰や、理解を伴わない絶対的服従を要求することは良心の自由とさらには理性の自由をも破壊するものである。

中心命題は①ですが、ここではまず②から聖書的な「良心の自由」の意味を確認しておきたいと思います[21]。信仰告白はまず、「神は、何事においてであれ、その御言葉に反するような、……人間の教説と戒めから、良心を自由にされた」と述べています。神は、いかなる分野の事柄であれ、御言葉に反する教説と戒めから、人間の良心を解放されました。これが良心の自由です。どんな問題であっても、御言葉に反することにしばられる必要はありません。御言葉に反することを押し付けられたなら、それに従う必要がありません。そのような束縛から、キリスト者の良心は解放されているのです。

そしてこれに付け加えて、信仰告白は「信仰や礼拝に関わる事柄であれば、御言葉に付加されるような、人間の教説と戒めから、良心を自由にされた」と述べています。「信仰や礼拝に関わる事柄」の場合は、「御言葉に反する」ことだけでなく、「御言葉に付加されるような、人間の教説と戒めから」も、良心は自由にされたのです。信仰や礼拝に関わる事柄の場合は、御言葉に反することだけでなく、御言葉に付加されたことにもしばられない、ということです。

中世のカトリック教会は、御言葉に根拠のない教えや儀式によって、人々の良心をしばっていました。ウェストミンスター信仰告白の背後にある、アングリカン教会もまた同じです。人間は、教えられたことによって良心がしばられます。とりわけ、何らかの権威によって教えられた場合はそうです。ですからルターは、良心の苦悩を味わいました。また、カルヴァンも、青年時代に良心の苦悩があったことを「サドレート枢機卿への返書」の中に記しています。[22] 彼らがその良心の苦悩から解放されたのは、神の御言葉による真理の発見によりました。福音によって、彼らの良心は解放されたのです。

ウェストミンスター信仰告白第二〇章は、神がキリスト者に与えてくださった自由について教えている章です。第一節では、そのキリスト者の自由の一一の側面に言及され、神が、キリスト者が陥っている多くの隷属状態から解放されたことが述べられました。そして二節で、良心もまた隷属状態から解放されたことが述べられているのです。

すなわち、良心の自由とは、神の御言葉に根拠のない教えによって拘束されていた良心が、神によって解放されたことを意味します。つまり、この「良心の自由」は、神以外のいかなるものからも人間の良心は解放されたことを意味しているのです。非聖書的な信仰と礼拝の実践から、人々の良心は解放されました。これが教会における「良心の自由」なのです。

5 教会における「良心」の今日的意義

教会における「良心の自由」の基本的意味は以上の通りですが、次に、聖書的な良心論の今日的意義を考えてみたいと思います。先ほどのウェストミンスター信仰告白第二〇章二節の第一のポイントと第三のポイントに注目してみたいと思います。

二〇章二節の第一のポイントは「ただ神のみが良心の主である」です。これが聖書的良心論の中心テーゼだと言えます。カルヴァンもジュネーヴ教会信仰告白第二三項でこう告白しています。「神は私たちの良心を支配する唯一の主また主人であり、かれの意思はあらゆる正義の唯一の規準である」(23)。またピューリタンのリチャード・バクスターも次のように述べています。「良心は……神に、そして神にのみ服させられねばならない。神のみが良心の主だからである。……良心は神の代理人であり、この職務の遂行にあたっては自らを主権的な主の命令と指示に限定しなければならない」。「あなた方自身の判断や良心をあなた方の律法や、あなた方の義務の作者にしないように。それは神の律法や、神があなた方に課される義務を識別するものにすぎないからである。人は自分の良心が神の御心であると自分に告げるあらゆることをしなければならず、だれでも、自分の良心があたかも世界の法制定者であるかのように、それに従わねばならないという危険な誤りが、世の中にあまりにも一般的に広がっている（今日では、なおいっそう一般的である）。だが実は、我々の律法授与者は我々自身ではなく神である。そして良心は……ただ神の律法を識別し、それを守るように我々に求めるために……任命されている。誤っている良心は、従われるべきではなく、かえって、もっとよく教えられるべきなのである……」[24]。

このように、良心は自らが主人になるのではありません。良心は自律的なものではなく、上告の最終法廷ではありません。良心はしもべとして機能するものであり、主人を持つのです。問題は誰が主人であるかということです。信仰告白は「神だけが良心の主である」と告白しています。良心は神にのみ服さなければならないのです。

それゆえ、神以外のものが良心の主になることを許してはならないのです。自分自身が良心の主になることも、あるいは他の非聖書的な何かが良心の主になることも、許してはなりません。良心はまさに神のしもべとして、神の言葉に一致して働かなければならないのです。

二〇章二節のもう一つのポイントは、③「良心に従って、真の良心の自由に背く場合がある」という点です。信仰告白本文には「それゆえ、良心に従って、そのような教説を信じたり、そのような戒めに従うことは、真の良心の自由に背くものである」とありました[25]。つまり、良心に従って、御言葉に反するような教説を信じたり、そのような戒めに従うことがあり得るのであり、その場合は、まさに真の良心の自由に背いているのです。人間の良心は、御言葉に反するような教説を教えられれば、それにしばられることになります。そうすると、人間は、自らの良心に従いつつ、真の良心の自由に背くことになるのです。人間にとって、とりわけ信仰者にとって良心は非常に重要です。しかし、良心に従うことがいつも正しいとは限らないのです。

　言葉を変えて言えば、良心は堕落しているのであって、それは決して無謬のガイドではないということです。良心はそれ自身が、道徳生活の唯一のガイドではありません。これは聖書自身が教えていることです。

　パウロはテモテへの手紙一、四章一節から五節でこう述べています。「しかし、〝霊〟は次のように明確に告げておられます。終わりの時には、惑わす霊と、悪霊どもの教えとに心を奪われ、信仰から脱落する者がいます。このことは、偽りを語る者たちの偽善によって引き起こされるのです。彼らは自分の良心に焼き印を押されており、結婚を禁じたり、ある種の食物を断つことを命じたりします。しかし、この食物は、信仰を持ち、真理を認識した人たちが感謝して食べるようにと、神がお造りになったものです。というのは、神がお造りになったものはすべて良いものであり、感謝して受けるならば、何一つ捨てるものはないからです。神の言葉と祈りとによって聖なるものとされるのです」。

　ここでパウロは「偽りを語る者たち」が「自分の良心に焼印を押されて」おり、それゆえに、「結婚を禁じたり、ある種の食物を断つことを命じたり」といった、真理に反していることを教えていると述べています。彼らは、良心に従って誤まった教えを宣べているのであり、彼らの良心はまさに汚れているのです。

　また、良心が殺されて、人は無感覚になって放縦な生活や、ふしだらな行いにふけることもあります（エフェソ四・一九）。さらにパウロはテトスへの手紙で「汚れている者、信じない者には、何一つ清いものはなく、その知性も良心も汚れています」（一・一五）と述べています。良心はそれ自体が無謬のガイドではありません。それは汚れたり、無感覚になったり、神への恐れを失うこともあり得る。さらには、良心が人々を滅びに導いてしまうことさえもありうるのです。

それゆえ大切なのが、良心を教育することです。オーストラリア長老教会の神学者トム・ウィルキンソンは次のように述べています。「しかし、良心だけでは十分でない。良心は、自らに注入されたこと以上には人に告げることができないという点で、コンピューターのようなものである。換言すれば、良心は神の御心を示す、自己充足的な表示器ではない。神の言葉についての知識を注入してもらう必要がある。すなわち、良心は我意と狂信にならないようにしようとすれば、神の言葉についての正しい知識によって教育されなければならないのである。曇りのない良心をもって教会を迫害してきた、パウロのような人々がいたことを、われわれは知っている。良心に訴えるまえに、特に重大な性質の事柄の場合には、われわれが確実に正しい道をとれるように、注意深く聖書を研究し、教会の他の人々とよく話し合うべきである(26)」。

新約聖書も、良心を神の言葉によって教育し、清めることの大切さを教えています。ヘブライ人への手紙九章一四節にはこうあります。「まして、永遠の〝霊〟によって、御自身をきずのないものとして神に献げられたキリストの血は、わたしたちの良心を死んだ業から清めて、生ける神を礼拝するようにさせないでしょうか」。

良心が清められるのは、主イエスの救いのみ業によってであり、それを神の御言葉によって知ることにおいてです。そこで「心は清められて、良心のとがめはなくなる」(ヘブライ一〇・二二)のです。

良心は、それ自体は惑わされることもあるものです。しかし、聖書によって教えられ、聖霊によって生かされるとき、良心は人を、神への服従へと導き、また罪の悔い改めに促す非常に有効な手段となるのです。

それゆえ良心に関連した教会の第一の責任は、教会員の良心を神の言葉によって教育することです。神の言葉によって良心が清められなければ、良心は正しく機能しません。神以外のものが良心の主になろうとする様々な誘惑や圧力のある中で、神のみを良心の主として生きる人を育てることが教会の第一の責任です。教会員の良心が御言葉に結びつけられて、人を恐れるのではなく、神を畏れる人として整えられることが何よりも大切なのです。

6　今、為政者が目指していること

良心に関連した今日の教会のもう一つの大きな責任は、公権力が良心の主となろうとする傾向に対する戦いの必要です。戦後の自民党政権は常に国民の内心の支配を求めてきたと言えますが、現在の安倍内閣は、これまでとは全く違う強引さでそれを推し進めています。

安倍内閣が目指していることは、一言で言えば国家主義と言えます。つまり、国家があって初めて個人があるのです。一人の個人である前に、日本国家の一員であることを要求する考えです。それゆえ国家は当然、国民の内心を支配しようとします。その支配を制度化しようとする政策を矢継ぎ早に打ち出しています。国民の内心を支配しようとするとは、公権力が良心の主になろうとしていることに他なりません。

アジア太平洋戦争の時代、日本の国家権力は国民に何をしたのでしょうか。また占領した地域の人たちに、何をしたのでしょうか。人々の内心を完全に支配しようとしました。生きることの意義も、死ぬことの意義も国家が握りました。つまり、天皇のために生き、天皇のために死ぬのが善であるとされ、国家の価値体系の中に個人を隷属させました。人々の良心はそれによって拘束されたのです。

敗戦によって、また日本国憲法によって、人々はその良心の隷属状態から解放されました。個人の尊厳が認められました。しかし、安倍政権は露骨に再び個人を国家に隷属させる政策を推進しています。内心への支配が露骨に表れている政策として、①学校における日の丸・君が代の強制、②教育への政治支配の強化（教育基本法の改悪、首長の権限強化と教育委員会の形骸化、教科書の内容への介入と学校への強制等）、③特定秘密保護法の成立（情報統制）などがあります。そして、本格的に戦争ができる国家にしようとしていますが、戦争になれば、さらに露骨な内心への支配が現実化する危険があります。

そして安倍内閣が最終目標としているのが、日本国憲法の改悪です。二〇一二年に発表された自民党憲法改正草案[27]には、彼らが目指す国家像が明らかにされています。

この草案の根本的な問題は、憲法の基本的性格を変えてしまおうとしている点にあります。近代立憲主義による憲法は、国家権力を制限して、国民の人権を保障するものです。ですから憲法というのは、国民が守るべき法律ではなくて、権力者・為政者が守るべきものです。法律は国民を拘束しますが、憲法は、その法律を作る側の国家権力を拘束するものなのです。

近代憲法のルーツは、西欧の啓蒙思想ですが、人間が生まれながら持っている権利という概念を基礎に「個人の尊重」を土台としました。しかし、自民党憲法草案「Q＆A」ではこう述べられています。

「権利は、共同体の歴史、文化の中で徐々に生成されてきたものです。したがって、人権規定も、我が国の歴史、文化、伝統を踏まえたものであることも必要だと考えます。現行憲法の規定の中には、西欧の天賦人権説に基づいて規定されているものが散見されることから、こうした規定を改める必要があると考えました」（Q13）。

驚くことに、西欧の天賦人権説が問題だとして、人権規定を「我が国の歴史、文化、伝統を踏まえたもの」にするというのです。では、日本的な人権規定とは何なのでしょうか。それは一言で言えば「国家の尊重」を前提とした人権規定と言えます。誰でも人間はかけがえのない人間として、同じように「個人」として尊重されるのではなく、「国家の尊重」という前提の中で、その枠組みの中で始めて、人は尊重されるという体制です。ですからこの憲法草案は、単なる憲法の一部改正ではなく、ある意味「革命」を目指しているようなものだと思います。現行憲法の完全否定的な改正なのです。

このような草案ですので、基本的人権保障の規定が変質しています。この点は、人権が制約される場合の文言に表れています。例えば第一三条を見てみます。

（現行一三条）すべて国民は、個人として尊重される。生命、自由及び幸福追求に対する国民の権利については、公共の福祉に反しない限り、立法その他の国政の上で、最大の尊重を必要とする。

（草案一三条）全て国民は、人として尊重される。生命、自由及び幸福追求に対する国民の権利については、公益及び公の秩序に反しない限り、立法その他の国政の上で、最大限に尊重されなければならない。

「公共の福祉」の部分が、「公益及び公の秩序」に変えられています。そしてこれまで「公共の福祉」による基本的人権の制約は、人権相互の衝突に限られるとされてきました。しかし憲法草案はそれを否定しています。憲法草案「Q＆A」のQ14にはこう述べられています。

「『公共の福祉』という文言を『公益及び公の秩序』と改正することにより、憲法によって保障される基本的人権の制約は、人権相互の衝突の場合に限られるものではないことを明らかにしたものです。なお、『公の秩序』と規定したのは『反国家的な行動を取り締まる』ことを意図したものではありません。『公の秩序』とは『社会秩序』のことであり、平穏な社会生活のことを意味します。個人が人権を主張する場合に、他人に迷惑を掛けてはいけないのは当然のことです」。

「個人が人権を主張する場合に、他人に迷惑を掛けてはいけない」と言われています。他人に迷惑となる類の人権は尊重されないということです。この考えは、少数派の人権がますます守られなくなることを意味します。少数派は自らの思想信条の故に、多数派に合わせられないことがあるのです。しかしそれが「迷惑をかけてはいけない」という非難にさらされて、少数派の人権はもはや擁護されなくなる。その可能性が高いのです。

例えば、自らの思想信条の故に、君が代の起立斉唱ができない。そういう人のことが、現行憲法であるならば、最高裁も不十分ですが最低限の歯止めをかけて守ろうとします。しかし、この憲法草案ならば全く守られません。そういう人の人権は守る必要はないという考えなのです。労働者が切実な要求の故にストライキすることも、また、少数者が自分たちの主張を掲げて集会やデモをすることも「迷惑をかける」という理由で規制される恐れがある。そういうことが可能な規定になっているのです。

信教の自由や政教分離についてはどうなのでしょうか。憲法草案の二〇条第三項にはこうあります。「国及び地方自治体その他の公共団体は、特定の宗教のための教育その他の宗教的活動をしてはならない。ただし、社会的儀礼又は習俗的行為の範囲を超えないものについては、この限りではない」。最後の「ただし、社会的儀礼又は習俗的行為の範囲を超えないものについては、この限りではない」の部分について、憲法草案「Q＆A」は、「これにより、地鎮祭に当って公費から玉ぐし料を支出することなどの問題が現実に解決されます」と記されています（Q19）。

つまり、地鎮祭は「社会的儀礼又は習俗的行為の範囲を超えないもの」だという理解です。宗教ではないという理解です。ということは、日本国民ならば誰でも受け入れるべきだという理解です。とりわけ、公務員は、職務命令としてこれへの参加が求められます。そしてそれに従わないならば、職務命令違反として罰せられるのです。「それができない」と言っても、そういう個人の人権は、人に迷惑を及ぼすやっかいな主張としてしか扱われません。少数派の人権は守られないのです。ここには神社は宗教ではなく習俗であるという主張があります。となれば、靖国神社の公式参拝、また国営化も簡単に実現することになるでしょう。

「個人の尊重」が基本ではないということは、少数派は二等市民にされるということです。もしも、この憲法草案がそのまま日本の憲法になってしまったら、私はやや激しい言葉ですが、ある意味で日本は終わりだと思います。もう一度、あの戦前の歩みを繰り返し、そしてあの敗戦のような悲惨まで行き着くのではないか。「第二の敗戦」が現実化するのではないか。そのような岐路に、私たちは立っているのではないかと思うのです。

「良心の主は神のみです」。しかし、日本の為政者は、国民の良心、内心を再び支配しようとしています。ですからこれに反対するのは、政治の問題ではなく、まさに信仰の問題に他なりません。私たちは、国家権力の内心への介入の意図に対して、信仰の立場からこれを拒み、戦う必要があるのです。

7　まとめ

最後にまとめをしておきます。今日の状況の中で、私たちの課題は次の二つにまとめられます。

①教会は「神のみを良心の主」とする信仰者を養成するよう教育する必要がある。

②国家権力・公権力が、国民の内心を支配しようとすることに反対する。そのための尊い手段が日本国憲法である。

私たち福音主義に立つ信仰者は、聖書を信仰と生活の規範としています。それゆえ、聖書的根拠をもって戦う必要があります。しかし、実際の戦いにおいては、与えられている手段を適切に用いることが大切です。こうした問題については、日本国憲法こそが、戦いの最大の手段であり、またその点で多くの人たちと共闘することも可能なのです。

最後に、特定秘密保護法について一言触れておきたいと思います。この法律の成立によって、国家は恣意的に情報を隠すことが可能となりました。国家に対する国民のチェック機能は大きく後退しました。つまりこれによって、自由の主体が個人から国家に移ったと言えるでしょう。国家および国家権力の担い手の自律性が格段に高まりました。これは必然的に、個人の自由を縮小させます。そしてこのことが、キリスト者・教会への圧力となっていくことは避けられません。

それゆえ、今や、教会の真価が問われる時代が始まったのだと思います。福音主義教会が、本当にキリストを教会の頭として歩んでいけるのか、そのことが厳しく問われていくのではないかと思っています。

そして私が願うことは、すべての福音主義キリスト者が、信仰的確信に立って、公権力による内心の支配の動き、憲法改正の動きに反対するようになることです。そのことが、借り物の言葉ではなくて、聖書的思想に基づいた信仰の言葉で語られる必要がある。そのとき、教会は、この世に対して本当に果たすべき役割を果たしていけるのだと思います。

注
（1）廣松渉ほか編『岩波　哲学・思想事典』岩波書店、一九九八年。
（2）エヴェレット・ハリソンほか編『神学事典』聖書図書刊行会、一九七二年、四三四―四三五頁。
（3）東京神学大学新約聖書神学事典編集委員会編『新約聖書神学事典』教文館、一九九一年、五五六―五五七頁。
（4）『旧約新約聖書大事典』教文館、一九八九年、一二八三頁。
（5）『ギリシア語新約聖書釈義事典Ⅲ』教文館、一九九五年、三四三頁。
（6）A・リチャードソンほか編『キリスト教神学事典』佐柳文男訳、教文館、二〇〇五年、五八八頁。
（7）時岡弘編『新版図解憲法』立花書房、一九八九年、四四頁。
（8）芦部信喜『憲法』岩波書店、一九九七年、一三八頁。

(9)同書、一三八―一三九頁。
(10)佐藤功『日本国憲法概説〔全訂第二版〕』学陽書房、一九八三年、一五五頁。
(11)時岡弘、前掲書、四四頁。芦部信喜、前掲書、一三九頁。
(12)時岡弘、前掲書、四四頁。
(13)佐藤功、前掲書、一五六頁。なお、憲法一九条の私人間適用が問題となり争われたケースがあったが、最高裁判決は、一九条の思想の自由は「もっぱら国又は公共団体と個人との関係を規律するものであり、私人相互の関係を直接規律するものではない」と判示している〔三菱樹脂事件、最大判昭四八・一二・一二〕。
(14)佐藤幸治『日本国憲法論』成文堂、二〇一一年、二一八頁。
(15)徳善義和『マルティン・ルター――ことばに生きた改革者』岩波新書、二〇一二年、八五頁。
(16)同書、八五―八六頁。
(17)J・I・パッカー『ピューリタン神学総説』松谷好明訳、一麦出版社、二〇一一年、一三四頁。
(18)袴田康裕『ウェストミンスター信仰告白と教会形成』一麦出版社、二〇一三年、八八―九一頁。
(19)ウェストミンスター神学者会議の歴史については、以下のものを参照のこと。ウィリアム・ベヴァリッジ『ウェストミンスター神学者会議の歴史』袴田康裕訳、一麦出版社、二〇〇五年。袴田康裕『ウェストミンスター神学者会議とは何か』神戸改革派神学校、二〇〇八年。
(20)『ウェストミンスター信仰告白』村川満/袴田康裕訳、一麦出版社、二〇〇九年。
(21)なおこの第二節は、テキストや翻訳に重大な誤りが入り込んだ歴史のある箇所である。その点については、袴田康裕、前掲書、九二―九三頁参照。
(22)森井眞「カルヴァンにおける〈良心〉の問題」『明治学院論叢』〈フランス文学特集〉一九九六年(Ⅲ)、一五―四二頁。

（23）『改革派教会信仰告白集Ⅰ』一麦出版社、二〇一一年、三八八頁。
（24）J・I・パッカー『ピューリタン神学総説』一三九―一四〇頁。
（25）この部分も翻訳上の問題があった箇所である。詳しくは、袴田康裕、前掲書、九四頁参照。
（26）トム・ウィルキンソン『現代に生きる信徒のためのウェストミンスター信仰告白〈註解〉下』松谷好明訳、一麦出版社、二〇〇四年、六二頁。
（27）自民党憲法改正草案および憲法草案「Q＆A」は、自民党ホームページ参照。

初出一覧

「キリストとの出会い――自伝的伝道論」
「改革派全国青年リトリート」での講演（二〇一六年五月四日）
「日本キリスト改革派教会の課題と展望」
「改革派東部・東北・東関東（三中会）合同夏期修養会」での講演（二〇一四年七月二九日）
「教会政治を考える――長老主義とは何か」
「改革派中部中会信徒修養会」での講演（二〇一三年九月二二日）
「長老主義教会の課題」
「改革派中部中会信徒修養会」での講演（二〇一三年九月二三日）
「伝道者の養成について」
「改革派教会大会役員修養会」での講演（二〇一五年六月一〇日）
「『教える』ということの歴史的考察――アウグスティヌス、カルヴァン、トマス チャーマーズ、そして現代」
「神戸改革派神学校教授就任記念講演」（二〇一三年四月五日）

加筆修正した原稿を『改革派神学　第四〇号』（二〇一三年一〇月）に収録

「聖書からキリスト者と教会の政治的・社会的責任を考える」

「改革派埼玉西部地区8・15集会」での講演（二〇一三年八月一一日）

「国家に対するキリスト者の良心」

「日本福音主義神学会西部部会春期研究会議」での講演（二〇一四年四月二一日）

加筆修正した原稿を『改革派神学　第四一号』（二〇一四年一〇月）に収録

あとがき

本書は、神戸改革派神学校の専任教授に就職した二〇一三年四月から約三年間半の間になした講演の中から、選択・編集したものです。その多くは、私が所属する日本キリスト改革派教会の集会・修養会等でなしたものです。しかし、改革派教会という一つの教派内だけに通用する内容ではありません。少なくとも、改革派長老派の伝統に立つ教会であれば、共通の課題をそこに見出すことができるでしょう。また、改革派長老派の伝統に立つ教会だけでなく、聖書的教会を目指すすべての方々にとっても、意味のある内容になっていると思います。

日本においては、「改革派教会」という言葉が「日本キリスト改革派教会」という一教派を指してしまう傾向があるため、改革派長老派伝統に立つ教会を「改革教会」と呼ぶことが一つの慣わしになっています。そこで私もその慣わしに従って、本書の題を『改革教会の伝道と教会形成』としました。もちろん私は、自らの所属する日本キリスト改革派教会の伝道と教会形成に献身している者です。しかしその一教派への誠実な献身が、結果として「公同性」への建設的な奉仕になると思っています。その意味で、本書が、改革派教会の方々のみでなく、聖書的教会を目指す多くの方々に読んでいただければ幸いに思います。

本書を通して私が一貫して追求しているのは「健やかな教会をいかにして作るか」ということです。教派を超えて教勢の停滞が叫ばれていますが、それは一言で言えば、教会が本来持つべき健やかさを失っているということではないかと思います。健やかであれば命が成長し、実を結びます。そこには喜びと慰めが満ち溢れます。この世で教会だけが提供できる恵みがあるのです。教会が健やかであれば、この世の人たちはその魅力を感じないはずはないと私は思っています。伝道の鍵もそこにあるのではないでしょうか。

健やかな教会であるためには、聖書的な秩序が必要です。それゆえ、教会政治に関する講演を二つ収めています（「教会政治を考える」「長老主義教会の課題」）。また、健やかな教会のためには、牧師が真の意味で霊的に健やかでなければなりません。教会にとって牧師・伝道者の存在はやはり決定的です。その牧師をどのように養成したらよいのか。「伝道者の養成について」と「『教える』ということの歴史的考察」はそれらを取り扱ったものです。さらに、教会は外部から、とりわけ国家権力によってその健やかさを阻害される危険があります。今日の日本における「教会と国家」の課題を最後の二つの講演で取り扱っています。

収録された講演のほとんどは、信徒の方々の前でなされたものです。それゆえ、本書も多くの信徒の方々に読んでいただければ幸いです。そして少しでも日本の教会の健やかな成長に資するものになれば、これにまさる幸いはありません。

本書の出版にあたり、編集を担当してくださった教文館出版部の髙木誠一さんに大変お世話になりました。心から感謝いたします。

最後になりますが、私は本書を、日本キリスト改革派神港教会元牧師で、現在は引退教師の安田吉三郎先生に捧げさせていただきます。単立教会出身の神学生であった私が、改革派教会の牧師となる決心を与えられたのは、神学生二年目に、先生が牧しておられた神港教会に派遣されたことによります。牧師として教会に仕えておられる安田先生の姿を見ながら、とりわけ先生の語られる説教を聴きつつ、自らの進路を祈り続けていました。そして最終的に、改革派教会の教師になる決心を与えられました。また先生は、私が教師に任職されるまでの間と、私の二年間の留学中も、私が奉仕していた園田教会の代理牧師を務めてくださいました。先生はいわば後見人として、私を助けてくださいました。安田先生との出会いなくして、改革派教会教師としての今日の私はありません。心からの感謝を込めて、本書を安田吉三郎先生に捧げさせていただきます。

二〇一六年一一月

袴田康裕

《著者紹介》
袴田康裕（はかまた・やすひろ）
1962年、浜松市に生まれる。大阪府立大学、神戸改革派神学校、スコットランドのフリー・チャーチ・カレッジなどで学ぶ。日本キリスト改革派園田教会牧師を経て、現在、神戸改革派神学校教授(歴史神学)。
著書　『ウェストミンスター神学者会議とは何か』（神戸改革派神学校、2008年)、『平和をつくる教会をめざして』（編集共著、一麦出版社、2009年)、『和解と教会の責任』（共著、いのちのことば社、2010年)、『信仰告白と教会』（新教出版社、2012年)、『ウェストミンスター小教理問答講解』（共著、一麦出版社、2012年)、『ウェストミンスター信仰告白と教会形成』（一麦出版社、2013年)、『信仰の良心のための闘い』（共著、いのちのことば社、2013年)、『世の光となる教会をめざして』（編集共著、一麦出版社、2013年)。
訳書　ウィリアム・ベヴァリッジ『ウェストミンスター神学者会議の歴史』（一麦出版社、2005年)、『ウェストミンスター信仰告白』（共訳、一麦出版社、2009年)、『改革教会信仰告白集』（共編訳、教文館、2014年)。『ウェストミンスター小教理問答』（教文館、2015年)。

改革教会の伝道と教会形成

2017 年 2 月 10 日　初版発行

著　者　袴田康裕
発行者　渡部　満
発行所　株式会社　教文館
〒104-0061 東京都中央区銀座4-5-1 電話 03(3561)5549 FAX 03(5250)5107
URL　http://www.kyobunkwan.co.jp/publishing/
印刷所　モリモト印刷株式会社

配給元　日キ販　〒162-0814　東京都新宿区新小川町9-1
電話 03(3260)5670　FAX 03(3260)5637

ISBN978-4-7642-6126-6　Printed in Japan